Library of
Davidson College

# Syntaxe de l'haïtien

# SYNTAXE DE L'HAÏTIEN

Claire Lefebvre,
Hélène Magloire-Holly,
Nanie Piou,
*Rédacteurs*

**KAROMA PUBLISHERS, INC.**
**Ann Arbor**
**1982**

447.9
S993

Copyright © 1982 by Karoma Publishers, Inc.
All rights reserved
ISBN 0-89720-055-1
83-4706
Printed in the United States of America

## PRÉFACE

Ce livre consiste en une collection d'articles étudiant chacun une construction syntaxique de l'haïtien. Cette collection brise, en plusieurs points, avec la tradition des écrits sur l'haïtien. Premièrement, les constructions syntaxiques que nous avons choisi d'étudier (e.g., les prédicats clivés, le redoublement verbal, les modaux, les complémenteurs, le déterminant, les constructions relative et interrogative) ont reçu peu ou pas d'attention dans la littérature existante. Deuxièmement, aux approches comparative et diachronique qui ont dominé les recherches sur l'haïtien, nous avons substitué l'approche générativiste; cela nous a permis de remplacer l'intérêt principal des travaux existants, à savoir l'étude des liens génétiques entre "le créole haïtien" d'une part, et les dialectes du français et les langues d'Afrique de l'Ouest d'autre part, par un intérêt principal nouveau : celui de l'étude de la grammaire de l'haïtien.

Ce livre s'adresse à tous les linguistes : aux créolistes aussi bien qu'aux africanistes et qu'aux spécialistes en langues romanes. Il est d'intérêt pour les théoriciens aussi bien que pour les descriptivistes. Nous formulons le souhait que, en plus d'intéresser la communauté des linguistes, ce livre servira un jour directement ou indirectement aux Haïtiens.

Les divers chapitres de ce livre s'inscrivent dans le prolongement d'articles préliminaires et de thèses de maîtrise issus d'une recherche sur la syntaxe de l'haïtien, recherche qui a pris naissance dans le cadre de deux séminaires de maîtrise (1976 et 1978) que j'ai offerts au département de linguistique de l'Université du Québec à Montréal. La recherche a été faite avec la participation des membres de la communauté haïtienne en exil à Montréal, parmi lesquels les deux co-rédacteurs de ce livre, Hélène Magloire-Holly et Nanie Piou, qui figurent également parmi les auteurs.

Nous exprimons notre gratitude aux Haïtiens qui, en qualité d'informateurs, nous ont communiqué leur science de leur langue. Nous remercions Robert Oriol qui a favorisé notre entrée dans la communauté haïtienne de Montréal lors des débuts de la recherche. Nous remercions Robert Fournier pour son travail de constitution d'un corpus de la langue haïtienne (corpus auquel il est souvent fait référence dans les articles) et Nanie Piou pour son travail de transcription. Robert Fournier, Pieter Muysken et Robert Papen nous ont apporté une aide précieuse par leurs commentaires judicieux et les nombreuses discussions que nous avons eues avec eux au cours de notre travail de recherche et d'analyse. Nous remercions Huguette Maisonneuve pour avoir dactylographié le manuscrit.

Cette recherche a été rendue possible en partie par le Fonds Institutionnel de Recherche de l'Université du Québec à Montréal. Dans la préparation de ce manuscrit, nous avons bénéficié de l'aide du Fonds du Président de cette même université.

Claire Lefebvre

# TABLE DES MATIÈRES

| | |
|---|---:|
| PRÉFACE *Claire Lefebvre* | v |
| TABLE DES MATIÈRES | vii |
| CONVENTIONS ORTHOGRAPHIQUES | xii |
| INTRODUCTION *Claire Lefebvre* | 1 |
|   1. Situation de notre recherche dans l'ensemble des travaux sur l'haïtien | 1 |
|   2. Syntaxe de l'haïtien : aperçu général | 4 |
|   3. La question du substratum revisitée | 7 |
|   4. Le modèle de la grammaire générative | 10 |
|   5. Les données | 15 |
|   6. Aperçu du contenu du livre | 16 |
|   7. Conclusion : perspectives de recherche | 18 |
| L'EXPANSION D'UNE CATÉGORIE GRAMMATICALE : LE DÉTERMINANT *LA*   *Claire Lefebvre* | 21 |
|   0. Introduction | 21 |
|   1. La structure interne du NP et *la* comme déterminant du nom | 24 |
|     1.1  Les constituants du NP | 25 |
|     1.2  *La* comme déterminant du nom | 31 |
|   2. *La* comme déterminant de phrase | 36 |
|     2.1  Environnement S où *la* apparaît et sémantique de *la* dans ces environnements | 36 |
|     2.2  *La* comme phénomène S' | 42 |
|   3. *La* comme phénomène X''' | 46 |

4. De déterminant de nom à déterminant de phrase : le processus de propagation de la catégorie DET à différentes valeurs de X ... 52

5. Conclusion ... 59

## *PU* : MARQUEUR DE MODE, PRÉPOSITION ET COMPLÉMENTEUR
*Hilda Koopman et Claire Lefebvre* ... 64

0. Introduction ... 64

1. Fonctions, distribution et sens de *pu* ... 67

    1.1 La préposition *pu* ... 67

    1.2 Le complémenteur *pu* ... 68

    1.3 Le *pu* modal ... 71

    1.4 Le *pu* généralisé ... 80

2. La source du complémenteur *pu* en haïtien ... 81

    2.1 De AUX à COMP ou de COMP à AUX ... 82

    2.2 La source du complémenteur *pu*, sous-catégorisé par certains verbes et adjectifs ... 85

3. Conclusion ... 87

## LES MODAUX : AUXILIAIRES OU VERBES?
*Hélène Magloire-Holly* ... 92

0. Introduction ... 92

1. Problématique ... 92

    1.1 AUX en haïtien ... 92

    1.2 Les verbes modaux dans la théorie linguistique actuelle ... 96

    1.3 Distribution de *mèt, kapab, dwe* ... 98

Table des matières ix

    1.4  Combinabilité des modaux entre eux    102

    1.5  Combinabilité des modaux avec les particules verbales    102

  2. Sémantique et syntaxe des modaux    105

    2.1  La sémantique des modaux    105

    2.2  La syntaxe des modaux    111

        2.2.1  Les modaux appartiennent à AUX    111

        2.2.2  Les modaux sont des verbes principaux    114

  3. Conclusion    120

LE CLIVAGE DU PRÉDICAT *Nanie Piou*    122

  0. Introduction    122

  1. Structure et fonctionnement du prédicat clivé    124

    1.1  Une même structure de base pour toutes les clivées    124

    1.2  Clivage du prédicat et Mouvement *wh*    129

  2. Du clivage de certains éléments    134

    2.1  Les particules de AUX et le prédicat clivé    134

    2.2  La particule de négation *pa*    135

    2.3  Les modaux    139

    2.4  Les VP "complexes"    145

  3. Conclusion    148

LE REDOUBLEMENT VERBAL *Nanie Piou*    152

  0. Introduction    152

  1. Verbes clivés et verbes redoublés    154

| | |
|---|---:|
| 1.1 Le redoublement verbal et le présentatif *se* | 154 |
| 1.2 Le redoublement verbal et les noeuds | 155 |
| 1.3 Le redoublement verbal et la négation | 156 |
| 1.4 Le redoublement verbal et les particules de AUX | 158 |
| 2. La position du verbe redoublé dans la phrase | 160 |
| 2.1 Les complémenteurs *si*, *lè* et *ku* | 160 |
| 2.2 Le redoublement verbal et le complémenteur *pu* | 161 |
| 2.3 Le redoublement verbal et certains adverbes | 164 |
| 3. Conclusion | 165 |
| LES CONSTRUCTIONS RELATIVES *Hilda Koopman* | 167 |
| 0. Introduction | 167 |
| 0.1 Le problème | 167 |
| 0.2 Cadre théorique | 170 |
| 1. Les constructions relatives : les données | 173 |
| 2. La structure des relatives | 180 |
| 3. Comportement syntaxique | 186 |
| 4. L'analyse | 189 |
| 4.1 Deux stratégies | 189 |
| 4.2 Les relatives sont dérivées par la règle de Mouvement de *wh* | 191 |
| 5. Conclusion | 199 |

# Table des matières

**LES QUESTIONS** *Hilda Koopman* — 204

   0. Introduction — 204

   1. La structure de COMP — 205

   2. Les questions *wh* : les données — 208

      2.1 Les constituants *wh* — 208

      2.2 Les questions *wh* directes — 210

      2.3 Les questions *wh* indirectes — 215

      2.4 Mouvement non-borné — 215

      2.5 Wh *in situ* et questions *wh* multiples — 217

      2.6 Critères diagnostiques pour la règle de Mouvement *wh* — 218

      2.7 Propriétés générales des questions *wh* — 219

   3. L'analyse des questions — 220

      3.1 Les questions *wh* comme NP — 221

      3.2 Questions *wh* : S' '? — 224

         3.2.1 Clivées et questions *wh* — 225

         3.2.2 Le problème de *ki* — 227

         3.2.3 Les propriétés des questions *wh* — 230

      3.3 Questions *wh* : S '? — 232

   4. Conclusion — 233

**RÉFÉRENCES** — 243

# CONVENTIONS ORTHOGRAPHIQUES

A. Liste des graphies utilisées dans ce livre et leur représentation en A.P.I. (Alphabet Phonétique International)

| | |
|---|---|
| $b$ | /b/ |
| $d$ | /d/ |
| $f$ | /f/ |
| $g$ | /g/ |
| $k$ | /k/ |
| $l$ | /l/ |
| $m$ | /m/ |
| $n$ | /n/ |
| $p$ | /p/ |
| $r$ | /ʎ/ |
| $s$ | /s/ |
| $š$ | /ʃ/ |
| $t$ | /t/ |
| $v$ | /v/ |
| $z$ | /z/ |
| $ž$ | /ʒ/ |
| $a$ | /ɑ/ |
| $e$ | /e/ |
| $i$ | /i/ |
| $ə$ | /ə/ |
| œ | /œ/ |

Conventions orthographique

| | |
|---|---|
| ê | /ɛ/ |
| o | /o/ |
| ô | /ɔ/ |
| u | /u/ |
| ã | /ã/ |
| ẽ | /ɛ̃/ |
| õ | /õ/ |
| ũ | /ũ/ |
| ʉ | /ɥ/ |
| w | /w/ |
| y | /j/ |

B. Liste des abréviations. Nous avons conservé les conventions anglaises pour ces abréviations étant donné qu'elles jouissent d'un statut conventionnel. Les équivalences des catégories syntaxiques pour le système X' sont données entre parenthèses.

S   (V''')   : phrase
NP  (N''')   : syntagme nominal
VP  (V'')    : syntagme verbal
AP  (A''')   : syntagme adjectival
PP  (P''')   : syntagme prépositionnel
QP  (Q''')   : syntagme quantificationnel

DET          déterminant
DEM          démonstratif

| | |
|---|---|
| POSS | possessif |
| MO | mode |
| ASP | aspect |
| TNS | temps |
| COMP | complémenteur |

INTRODUCTION*

CLAIRE LEFEBVRE

Ce livre contient une étude de la syntaxe de l'haïtien, effectuée dans le cadre de la grammaire générative. Dans la présente introduction, nous situons notre recherche dans l'ensemble des travaux sur l'haïtien (1.0). Nous présentons un aperçu schématique de la langue haïtienne et de ses principales constructions dont celles analysées dans ce livre (2.0). A la lumière de ces données nous reconsidérons la question abondamment débattue de la contribution des langues du substratum à l'haïtien (3.0). En (4.0) nous décrivons le cadre théorique utilisé pour les diverses analyses et en (5.0) le type de données à partir desquelles notre recherche a été effectuée. Enfin, la section (6.0) est consacrée à un aperçu du contenu de notre livre et la section (7.0) aux perspectives de recherche sur l'haïtien.

1. SITUATION DE NOTRE RECHERCHE DANS L'ENSEMBLE DES TRAVAUX SUR L'HAÏTIEN

Les ouvrages linguistiques existants sur l'haïtien peuvent être caractérisés de la façon suivante : premièrement, que ce soit les ouvrages qui se veulent une description générale de la langue (e.g., Sylvain (1936), Faine (1937), Hall (1953), ou Valdman (1978)), ou les ouvrages portant sur des points spécifiques (e.g., Hyppolite (1949), Hall (1950, 1952), Pompilus (1955), Comhaire-Sylvain (1955), et Alleyne (1969) pour ne nommer que ceux-là) les travaux sur l'haïtien sont concentrés sur le lexique et la phonologie; dans tous ces ouvrages, la syntaxe a reçu peu d'attention. Deuxièmement, ces ouvrages sont dominés par les approches comparative et diachronique de telle sorte que leur intérêt principal est orienté vers l'étude des liens génétiques entre le créole haïtien d'une part, et les dialectes du français et les langues d'Afrique de l'Ouest d'autre part. Troisièmement, dans ces ouvrages l'haïtien est considéré comme un dialecte d'une langue créole-français; ceci est particulièrement marqué dans les travaux de Vintila-Radulescu (1976) et de Valdman (1978) où l'on réfère à tous les créoles français sans distinction par le terme *le créole*. Cette pratique a pour effet de faire ressortir, à la suite de Goodman (1964), les similarités entre les créoles à base lexicale française tout en minimisant les différences entre eux.[1]

Ce livre coupe avec cette tradition et ce, de plusieurs points de vue.

Ce volume est consacré exclusivement à la syntaxe de l'haïtien; il vient combler une lacune au niveau de la description de la langue. Le premier article consacré au déterminant *la* rapporte des données qui n'ont pas été présentées dans les articles traitant du déterminant. Le deuxième article est consacré à l'étude du complémenteur *pu*; nulle part dans la littérature sur l'haïtien il n'est fait mention de *pu* comme complémenteur. Le troisième article traite des modaux lesquels n'ont pas reçu beaucoup d'attention dans la littérature. Les quatrième et cinquième articles portent sur deux constructions impliquant les verbes : le clivage du prédicat et le redoublement verbal. Ces constructions ne sont pas décrites dans les ouvrages ci-haut mentionnés sur l'haïtien. Enfin, les deux derniers articles traitent des constructions relatives et interrogatives pour lesquelles il existe des données incomplètes dans la littérature. Ce livre vient donc combler une lacune sur le plan descriptif.

Si les données que nous y présentons n'ont pas été décrites dans la littérature, il va sans dire qu'elles n'ont pas reçu non plus d'analyses. Notre livre propose des analyses pour toutes les constructions étudiées. En cela, il comble une lacune sur le plan de la compréhension de la grammaire de l'haïtien dont il tente d'étudier le fonctionnement. Pour rendre cela possible, nous avons remplacé les approches comparative et diachronique par l'approche générativiste en adoptant le modèle de grammaire développé dans le cadre de cette théorie au cours de la dernière décennie. Ce modèle est décrit plus bas.

Enfin, ce livre brise avec la tradition des recherches sur l'haïtien en ce qu'il considère l'haïtien comme une langue à part entière (d'où notre utilisation de *l'haïtien* comme terme de référence plutôt que *le créole*). A cet effet, les constructions que nous étudions ici font ressortir la spécificité de l'haïtien par rapport aux créoles à base lexicale française étant donné qu'elles présentent, pour la plupart, des différences majeures avec les constructions équivalentes en mauritien ou seychellois.

Ayant situé l'originalité de notre recherche par rapport aux travaux existants sur l'haïtien, nous présentons un aperçu de la structure syntaxique de l'haïtien.

2. LA SYNTAXE DE L'HAÏTIEN : APERÇU GÉNÉRAL

En haïtien la structure de la phrase est telle qu'en (1a) dont (1b) est un exemple.

(1) a. NP AUX V (NP) (PP)

b. mari te bay liv la ba pyè
Marie TNS donner livre DET pour Pierre

'Marie a donné ce livre pour Pierre.'

Typologiquement, l'haïtien est une langue SVO. Dans ce type de langue, les compléments suivent généralement la tête alors que les spécifieurs la précèdent. Ainsi, dans le NP le complément du nom suit le nom tête (2) et dans le VP les compléments suivent le verbe (1b).

(2) tab mari a
table Marie DET

'la table de Marie'

Les complémenteurs ($ki$ et $pu$) précèdent la phrase; le spécifieur $la$ par ailleurs qui peut modifier un nom aussi bien qu'une phrase suit la tête qu'il modifie (2), ce qui fait de sa position une position marquée.[2]

Lefebvre (ce volume b) propose une règle d'expansion de S de type (3) dans laquelle DET est postposé.

(3) S' → COMP S DET

Le lexique de l'haïtien ne comporte pas de distinctions morphologiques. Il est fréquent qu'une forme puisse être utilisée à la fois comme nom et comme verbe (e.g., *mãže* 'nourriture', *mãže* 'manger'), ou à la fois comme nom et comme adjectif (e.g., *pitit la* 'la petite', *fi sa a piti* 'cette fille est petite'). Par ailleurs l'haïtien est doté d'un système riche en particules définies par des traits morphosyntaxiques; ainsi *te* [+ANTERIEUR], *la* [+DET], *yo* [+PLURIEL], etc.

Parmi les constructions syntaxiques qui caractérisent l'haïtien, mentionnons les suivantes : les verbes sériels tel qu'en (4), les prédicats clivés (voir Piou (ce volume a)) tels qu'en (5), et le redoublement verbal (voir Piou (ce volume b)) exprimant un temps relatif par rapport au verbe de la principale, tel qu'en (6).

(4) pòte    sa ale    pòtoprēs
    apporter ça aller Port-au-Prince

    'Apporte ça à Port-au-Prince.'

(5) se   pati   pòl pati
    c'est partir Paul partir

    'Paul est vraiment parti.'

(6) pati   pòl pati, mari rive
    partir Paul partir, Marie arriver

    'Dès que Paul est parti, Marie est arrivée.'

Notons que ces constructions n'existent pas dans les créoles de l'Océan Indien.³

L'haïtien exprime la comparaison au moyen de l'élément sériel *pase* (dont le statut syntaxique de verbe ou de conjonction reste à investiguer) au lieu de *ki* dans les créoles de l'Océan Indien.

    (7)    mari   pi   grãd    pase    žã
           Marie plus grande dépasser Jean

        'Marie est plus grande que Jean.'

Par ailleurs l'haïtien a un complémenteur *ki* dans l'environnement d'un sujet questionné ou relativisé (voir Koopman (ce volume a et b)).

    (8)    ki-mun        *ki*   te   vini?
           quelle personne qui TNS venir

        'Qui est venu?'

    (9)    mun    nã  *ki*   te   vini   ã
           personne DET qui TNS venir DET

        'La personne qui était venue.'

Notons ici que les créoles de l'Océan Indien ont un complémenteur neutre *ki* (équivalent au complémenteur français *que*) quelle que soit la position questionnée ou relativisée. L'haïtien possède également un complémenteur *pu* comme en (10) (voir Koopman et Lefebvre (ce volume)).

    (10)   m   vle     pu   mari   fẽ   sa
            je vouloir COMP Marie faire ça

        'Je veux que Marie fasse ça.'

Le déterminant *la* constitue certainement l'un des traits les plus particuliers de la syntaxe de l'haïtien. En plus d'être postposé donc d'occuper une position marquée, le déterminant *la* peut, en haïtien mais non dans les créoles de l'Océan Indien, déterminer non seulement un nom (11), mais également une phrase (12) (voir Lefebvre (ce volume b)).

(11) tab    la
     table  DET

    'la table (qui est là)'

(12) tab    la  m   te   ašte    a
     table  DET je  TNS  acheter DET

    'La table que j'ai achetée.'

De ce rapide survol de l'haïtien il ressort que la syntaxe de l'haïtien présente plusieurs constructions qui la distinguent de celle du français. Il ressort également que l'haïtien diffère en plusieurs points d'autres créoles créoles français. En effet, la majorité des constructions rapportées pour l'haïtien ne se rencontrent pas dans les créoles français considérés. Par ailleurs ce sont justement ces constructions qui trouvent leur équivalent dans les langues d'Afrique de l'Ouest. Cette constatation nous amène à réouvrir la discussion sur la contribution des langues du substratum à l'haïtien.

## 3. LA QUESTION DU SUBSTRATUM REVISITÉE

Etant donné les approches comparative et diachronique qui ont traditionnellement dominé les recherches sur l'haïtien, il n'est pas étonnant de constater, dans la littérature, l'ampleur du débat sur la contribution respective des langues romanes et africaines à l'haïtien. Faine (1937) réfère au normand comme "le vrai père du créole". Hall (1950) considère l'haïtien comme une "langue romane". Hyppolite (1949), Pompilus (1955) et Valdman (1978) pour ne nommer que ceux-là, cherchent dans l'haïtien des survivances des dialectes du moyen français et du français classique. Sylvain (1936) par ailleurs écrit :

> "Nous sommes en présence d'un français coulé dans le moule de la syntaxe africaine, ou (...) d'une langue éwé à vocabulaire français."

Les constructions que nous décrivons et analysons dans ce livre constituent des données nouvelles pour alimenter le débat sur l'apport respectif des langues romanes et africaines à l'haïtien.

Comparons brièvement les traits syntaxiques décrits à la section précédente pour l'haïtien, les langues Niger-Congo[4] de l'Afrique de l'Ouest, les autres créoles à base lexicale française et le français. Les éléments comparés sont représentés au tableau 1, à la page suivante.

|  | haïtien | langues Niger-Congo | créoles de l'Océan Indien | français |
|---|---|---|---|---|
| ordre des mots SVO | + | +/- | + | + |
| compléments suivent la tête | + | - | + | + |
| spécificateurs précèdent la tête | - | - | - | + |
| déterminant peut modifier une phrase | + | + | - | - |
| verbes sériels | + | + | - | - |
| prédicats clivés | + | + | - | - |
| verbes redoublés | + | + | - | - |
| utilisation d'un verbe de type 'dépasser' pour exprimer la comparaison | + | + | - | - |

TABLEAU 1. Traits syntaxiques comparés pour l'haïtien, les langues Niger-Congo, les créoles de l'Océan Indien et le français

Relativement à l'ordre de base des mots l'haïtien est plutôt comme le français et se distingue des langues Niger-Congo dont l'ordre des mots présente à la fois des caractéristiques des langues SVO et des caractéristiques des langues SOV (Koopman (1982)). Tel qu'attendu, pour les langues ayant un ordre de base SVO, les compléments suivent la tête et pour celles ayant un ordre de base SOV les compléments précèdent la tête. Tel qu'attendu, pour les langues ayant un ordre de base SVO, le spécificateur devrait précéder la tête comme c'est le cas du français. L'haïtien ainsi que les autres créoles français suivent ici le modèle des langues SOV et présentent un spécificateur postposé à la tête. De plus comme dans les langues de l'Afrique de l'Ouest, le déterminant de l'haïtien n'est pas limité au nom et peut modifier toute une phrase. L'haïtien partage avec les langues de l'Afrique de L'Ouest les constructions comprenant les verbes sériels, les prédicats clivés et les verbes redoublés ainsi que l'usage d'un élément lexical de type 'dépasser' pour exprimer la comparaison. Pour ces constructions, l'haïtien fait bloc avec les langues d'Afrique de l'Ouest et s'oppose aux créoles français de l'Océan Indien ainsi qu'au français. L'hétérogénéité des langues de la famille Niger-Congo ainsi que l'absence de description complète de ces langues rendent difficiles une comparaison plus raffinée et concluante entre ces langues et l'haïtien.

De cette comparaison rapide il ressort cependant que l'haïtien partage avec les langues d'Afrique de l'Ouest des constructions importantes nombreuses qui sont absentes à la fois d'autres créoles français et du français. L'influence des langues d'Afrique de l'Ouest semble donc avoir été plus marquée dans le cas de l'haïtien que dans le cas des autres créoles français.[5] Ces faits militent en faveur d'une théorie selon laquelle l'haïtien se serait formé à partir d'un processus de relexification, jumelé à un processus de réinterprétation de certaines données syntaxiques.

4. LE MODÈLE DE LA GRAMMAIRE GÉNÉRATIVE

Tel qu'annoncé précédemment, le modèle de grammaire utilisé pour nos analyses est celui fourni dans les récents développements en grammaire générative. Dans cette section nous présentons les grandes lignes de ce modèle. Les aspects plus spécifiques du modèle sont précisés dans chacun des articles selon le besoin.

Le but de la grammaire générative est de définir les propriétés et les principes de la grammaire universelle. Le terme *grammaire universelle* signifie qu'aucune langue ne peut s'en éloigner. La grammaire universelle détermine les grammaires possibles. Elle consiste en une grammaire noyau constituée des aspects non marqués des grammaires particulières (c'est-à-dire ceux que l'on trouve généralement dans les langues) et en une grammaire périphérique constituée des aspects marqués des grammaires particulières (c'est-à-dire ceux qui sont particuliers aux langues spécifiques). Un exemple est donné plus bas.

Le modèle de grammaire universelle proposé par la grammaire générative est défini particulièrement dans Chomsky (1970, 1973, 1977, 1980 et 1981) et dans Chomsky et Lasnik (1977). La grammaire universelle consiste en un ensemble de sous-systèmes. Ces sous-systèmes sont de deux ordres. Ils consistent d'une part, en différents composants du système de règles de la grammaire et d'autre part en sous-systèmes de principes. Les composants de la grammaire peuvent être présentés de la façon suivante :

Composant de base

Composant transformationnel

Structure S

Composant Phonologique       Composant de la Forme Logique

Le composant de base contient les règles de base et le lexique. Les règles de base engendrent des structures de base qui contiennent des positions syntaxiques définies en terme de traits et spécifie l'ordre des éléments d'une chaîne syntaxique. Par exemple, la règle (13) qui représente l'expansion d'un syntagme nominal (NP) prévoit minimalement une position syntaxique pour un élément de la catégorie syntaxique [+N] et optionnellement une position pour un élément de la catégorie syntaxique [+DET]. De plus, la règle (13) spécifie que ce dernier élément est postposé au nom tête.

(13)  NP → ... N ... (DET)

Le format des règles de base est contraint par la théorie X' qui spécifie que la forme des règles de base est de type (14), où X représente les catégories syntaxiques majeures définies par les traits [±N, ±V] et où n = 3.

(14)  $X^n \rightarrow \text{Spec } X^{n-1} \text{ COMP}$

Le format des règles de base permet des généralisations cross-catégorielles. Ainsi, si on trouve par exemple que le déterminant peut modifier d'autres valeurs de X que les noms (e.g., phrases, prépositions, etc.) la théorie X' permet d'exprimer cette généralisation cross-catégorielle en considérant la règle (13) comme une réalisation particulière d'une règle plus générale de type (15) dans laquelle DET peut modifier n'importe quelle valeur de X.[6]

(15)   X''' → ... X''' ... (DET)

Le format des règles de base définit également, d'une façon générale, la position des spécificateurs et des compléments par rapport à la tête. Ainsi, pour une langue du type SVO comme l'haïtien, la théorie prédit (voir (14)) que les spécificateurs précèdent la tête et que les compléments la suivent. En haïtien, le spécificateur *la* suit la tête, tel que spécifié par la règle (15); ce trait syntaxique de l'haïtien ne fait donc pas partie de la grammaire noyau, au sens défini plus haut, mais constitue un aspect d'une langue particulière considéré comme marqué. Le lexique, qui appartient également au composant de base, spécifie la structure morphologique des items lexicaux et leurs traits syntaxiques incluant les traits catégoriels et contextuels (e.g., *fi* [+N], *la* [+DET].)

Le composant transformationnel contient les règles du type 'Déplacez α' dont Mouvement WH, qui laisse une trace coindicée avec son antécédent, tel qu'illustré en (16).[7]

(16)   (se)     ki mun$_i$ žã wè e$_i$
       (c'est)  qui     Jean voir

'Qui Jean a-t-il vu?'

La syntaxe engendre des structures S qui servent d'input au composant phonologique (à gauche du modèle) et au composant de forme logique (à droite du modèle). Le composant phonologique contient les règles d'élision, les filtres, les règles stylistiques et les règles phonologiques (voir Lefebvre (ce volume b) pour des exemples de règles s'appliquant dans le composant phonologique). Le composant de forme logique spécifie les conditions sur l'interprétation sémantique (voir Koopman (ce volume a)).

Les sous-systèmes de principes sont définis dans une théorie de liage, une théorie de gouvernement, une théorie d'assignation des rôles , une théorie des cas et une théorie du contrôle. La théorie de liage spécifie les relations entre les anaphores, les pronoms, les noms, les variables et leurs antécédents. La théorie de gouvernement définit la relation entre la tête d'une construction et les catégories qui en dépendent (voir Koopman (ce volume a et b) pour une application de ces deux théories). La théorie définit le mécanisme d'assignation des rôles thématiques tel que agent, thème, but. Par exemple en haïtien le verbe *bay* 'donner' assigne un rôle thématique 'agent' et un rôle thématique 'thème', le premier référant à celui qui donne et le deuxième à ce qui est donné. La théorie des cas établit le mécanisme d'assignation des cas et de leur réalisation morphologique. En haïtien, les cas ne sont pas morphologiquement réalisés. Ils sont structurellement assignés; ainsi le verbe assigne le cas objectif à son objet direct, en vertu d'une relation structurale qu'il entretient avec ce dernier. La théorie de contrôle détermine le potentiel et la limite référentielle de l'élément pronominal abstrait PRO. Des exemples de cela peuvent être trouvés dans Koopman et Lefebvre (ce volume). Le détail de chacun de ces aspects de la grammaire est précisé dans les divers articles contenus dans ce livre.

## 5. LES DONNÉES

Les données présentées et analysées dans ce livre sont de deux types : données provenant des jugements de grammaticalité fournis par des informateurs haïtiens de la communauté haïtienne de Montréal; données provenant d'un corpus d'enregistrements spontanés constitué au cours de l'été 1975 (voir Lefebvre et Fournier (1976)). Ce corpus contient des enregistrements de sujets parlant haïtien du département de l'Ouest établis à Montréal. L'immigration massive d'Haïtiens vers Montréal depuis les dernières années a rendu possible l'élaboration d'un tel corpus. Le corpus se compose d'un échantillon de dix sujets dont six hommes et quatre femmes. L'échelle d'âge varie de 18 à 32 ans. Sept sujets ont une scolarité inférieure à une neuvième année et trois ont une douzième année ou plus. Sauf les sujets no. 2 et no. 6, tous sont originaires du département de l'Ouest : deux de Port-au-Prince, un de Léogâne (33 km. de Port-au-Prince), et cinq de Marigot (142 km. de Port-au-Prince). Des sujets nés hors de la capitale, sauf no. 6 et no. 8, tous ont séjourné une période de temps plus ou moins longue à Port-au-Prince (6 à 16 ans). Le temps de résidence à Montréal pour chaque sujet varie de six mois à six ans. L'occupation de chaque sujet à Haïti et Montréal est de même type. Les sujets parlants sont issus de la classe ouvrière ou paysanne. Enfin, chez tous ces sujets, l'haïtien est à Montréal la seule langue utilisée dans tous les échanges entre eux. Les sujets parlants ont été enregistrés en conversation naturelle pour une durée d'une heure et demie à deux heures par session d'enregistrement.

## 6. APERÇU DU CONTENU DU LIVRE

Les articles présentés dans ce livre peuvent être thématiquement regroupés de la façon suivante : la structure du NP et le déterminant *la*; les particules verbales et les verbes modaux; le clivage du prédicat et le redoublement verbal; les relatives et les questions. Ces quatre blocs seront présentés à tour de rôle.

Dans *L'expansion d'une catégorie grammaticale : le déterminant la* Lefebvre (b) étudie le phénomène de détermination encodé par la particule *la*. L'article fait ressortir que *la* est un déterminant non seulement de nom et de phrase mais aussi de toute autre catégorie syntaxique majeure. Les propriétés sémantiques et syntaxiques de *la* sont étudiées dans le cadre de la théorie X'. L'analyse proposée fait ressortir l'intérêt de la théorie X' pour décrire les faits impliquant *la* en haïtien, et en particulier le fait de sa position marquée. A partir des faits entourant *la* et d'autres particules de même type, l'article propose une discussion plus générale sur le processus d'émergence des catégories mineures (dont la catégorie DET) au niveau S'. Le cas documenté ici montre que des changements syntaxiques peuvent être initiés dans les phrases enchâssées.

Dans leur article Koopman et Lefebvre documentent les fonctions variées de *pu* : *Pu : marqueur de mode, préposition et complémenteur*. L'analyse révèle que l'usage de *pu* comme complémenteur est plus récent que celui de *pu* comme marqueur de mode ou comme préposition. Cela amène les auteurs à établir l'existence d'un changement dans l'usage de *pu* et à discuter l'origine du *pu* complémenteur. Leur analyse mène à la conclusion que les complémenteurs peuvent avoir comme sources possibles, et les marqueurs de mode, et les prépositions introduisant les compléments finals. Un autre cas de passage d'une catégorie syntaxique à une autre est rapporté par Piou (ce volume a); ce cas implique un verbe réanalysé comme préposition.

Magloire-Holly étudie les verbes modaux. La question débattue est la suivante : *Les modaux : auxiliaires ou verbes?* Il ressort de l'analyse que, d'un point de vue syntaxique, les modaux se comportent comme des verbes, même s'ils ne partagent pas toutes les caractéristiques syntaxiques de ces derniers. D'un point de vue sémantique, les modaux épistémiques sont interprétés comme les particules de AUX, alors que les modaux déontiques sont interprétés comme des verbes. L'analyse proposée fait ressortir l'indépendance des composants syntaxique et sémantique dans la grammaire.

Piou étudie deux constructions : *Le clivage du prédicat* et *Le redoublement verbal* qui s'avèrent être structurellement très différentes malgré leur caractéristique commune qui implique la présence d'un même verbe deux fois à l'intérieur d'une phrase donnée. Piou montre que le clivage du prédicat est syntaxiquement similaire au clivage du NP et du PP et argumente pour toutes ses constructions clivées en faveur d'une structure S''. Elle montre que le clivage du prédicat présente les mêmes propriétés syntaxiques que d'autres constructions impliquant Mouvement WH. Le redoublement verbal pour lequel Piou propose une structure S' s'avère être structurellement, syntaxiquement et sémantiquement différent du clivage du prédicat.

Koopman étudie deux constructions : *Les relatives* et *Les questions*. Dans le premier article elle tente de déterminer les caractéristiques des propositions relatives en haïtien en discutant le débat entre Chomsky (1977) et Bresnan (1976, 1977) sur les règles de mouvement. Elle montre que les configurations différentes des relatives en haïtien s'expliquent par l'interaction de la règle Mouvement de WH, le principe des catégories vides (ECP) et un filtre spécifique à l'haïtien. L'analyse présentée permet de dériver la hiérarchie d'accessibilité de Keenan et Comrie pour l'haïtien. La hiérarchie d'accessibilité découle de l'interaction des règles et principes mentionnés ci-dessus et n'a donc nullement besoin d'être stipulée dans la grammaire universelle. Les données de l'haïtien montrent en outre qu'il existe deux types de pronoms résomptifs. Dans son deuxième article, Koopman tente de déterminer les caractéristiques et propriétés des questions WH en haïtien. Une structure S'' est proposée pour les questions parallèlement aux clivées et une analyse des faits impliqués dans les questions est fournie. L'analyse de Koopman permet d'ajouter des caractéristiques plus abstraites à la liste des différences déjà notées dans la présente introduction entre l'haïtien, le français et les langues d'Afrique de l'Ouest, et d'alimenter la compréhension de la genèse de l'haïtien.

7. CONCLUSION

Les sept sujets syntaxiques choisis ne constituent pas une liste exhaustive des constructions syntaxiques non encore étudiées de l'haïtien. L'étude des verbes sériels amorcée dans Desmarais (en préparation a), Winberg (1977) et Jansen *et al* (1978), l'étude des phénomènes de contrôle, des relations anaphoriques et de co-référence, dont certains aspects sont abordés dans Dejean (1980), l'étude de la quantification en général et de la négation, ainsi que la définition des catégories lexicales dont on trouve des bribes dans Fournier (en préparation), Desmarais (en préparation b) et Piou (1981), constituent un programme de recherche qui reste encore à faire. Les articles contenus dans ce livre démontrent déjà l'intérêt de l'étude de la syntaxe de l'haïtien comme langue autonome.

## NOTES

\* Nous remercions Hilda Koopman, Pieter Muysken et Nanie Piou pour leurs suggestions dans la planification de cette introduction.

1. Pour une critique de cette approche, voir Muysken (1980).

2. A ce sujet, voir Lefebvre (ce volume b).

3. Pour les créoles de l'Océan Indien, voir Corne (1977), et Papen (1978). Pour une comparaison entre quelques constructions de l'haïtien et des créoles de l'Océan Indien voir Muysken (1980). Les sources sur les autres créoles français antillais ne sont pas assez complètes pour nous permettre de faire des comparaisons équivalentes pour ces langues.

4. Les langues Niger-Congo considérées ici sont les suivantes : kikuyo et éwé (source : N. Clements), yoruba (source : D. Pulleybanck), langues krou (source : H. Koopman).

5. L'étude des raisons de cet état de faits reste à faire.

6. Voir Lefebvre (ce volume b) où une telle analyse est suggérés pour le déterminant $la$.

7. Mentionnons que les règles du type 'Déplacez $\alpha$' peuvent se produire dans divers composants de la grammaire. Il n'est pas nécessaire d'élaborer ce point davantage ici.

L'EXPANSION D'UNE CATÉGORIE GRAMMATICALE :

LE DÉTERMINANT *LA*[*]

CLAIRE LEFEBVRE

0. INTRODUCTION

Dans cet article, nous étudions le phénomène de détermination encodé par la particule *la*. Cette particule est intéressante de plusieurs points de vue. Sémantiquement elle est essentiellement déictique, ce qui la distingue des articles (e.g., l'article défini du français). Syntaxiquement, elle peut modifier des éléments de catégories syntaxiques autres que nominales (e.g., les adverbes). Outre ces caractéristiques, le déterminant *la* présente une particularité surprenante pour une langue dont l'ordre de mots de base est SVO : il est postposé. En cela, le déterminant postposé de l'haïtien constitue un contre-exemple aux universaux linguistiques proposés notamment par Greenberg (1963), à savoir que dans les langues SVO le déterminant précède l'élément qu'il modifie alors que les compléments suivent ce même élément. En haïtien, les compléments suivent effectivement l'élément qu'ils modifient (e.g., l'objet du verbe suit le verbe, le complément du nom suit le nom, etc.) mais le déterminant *la* suit l'élément qu'il modifie au lieu de le précéder. Dans cet article nous documentons chacun de ces aspects du déterminant *la* et nous en proposons une analyse.

La particule *la* de l'haïtien a fait l'objet de plusieurs descriptions. Les ouvrages les plus connus sur l'haïtien, Sylvain (1936), Faine (1937), Hall (1953), D'Ans (1968) et Valdman (1976)[1] la décrivent comme le déterminant du nom. Desmarais (n.d.) analyse *la*, déterminant du nom, comme un topicalisateur et un 'discourse referent', aussi bien dans l'environnement du nom que dans l'environnement d'une relative. L'analyse de Fournier (1977) constitue une première tentative de solution pour rendre compte dans la syntaxe de la présence de *la* après une phrase relative. Enfin Lefebvre et Fournier (1978) documentent les cas où *la* peut apparaître avec plusieurs types de phrases autres que relatives. Le présent article fait ressortir que *la* est un déterminant (DET), non seulement de nom (N) et de phrase (S) mais aussi de toute autre catégorie syntaxique majeure (e.g., préposition et adverbe). Nous proposons une analyse syntaxique de ces faits dans le cadre des développements récents en grammaire générative et plus particulièrement dans le cadre de la théorie X'; l'analyse proposée fait ressortir l'intérêt de la théorie X' pour décrire les faits impliquant *la* en haïtien. A partir des faits entourant *la* et d'autres particules de même type, l'article propose une discussion plus générale sur le processus d'émergence des catégories mineures (dont la catégorie DET) au niveau S'. Le cas documenté ici montre que des changements syntaxiques peuvent être initiés dans les phrases enchâssées.

Les données à partir desquelles l'analyse a été faite sont de trois types :
- données provenant de séances d'élicitation menées avec quatre informateurs principaux : deux de 60 ans, une informatrice de 40 ans et une informatrice de 30 ans;
- données provenant d'enregistrements de conversations spontanées, tirées du corpus Lefebvre et Fournier (1976);
- données provenant des textes de Hall (1953).

Le modèle de grammaire adopté pour l'analyse est le modèle T tel qu'élaboré dans Chomsky et Lasnik (1977) et dans Chomsky (1980). Ce modèle est décrit en détail dans l'*Introduction* à ce livre (Lefebvre (ce volume a)). De ce modèle deux éléments sont particulièrement pertinents pour notre analyse : la théorie de la base et la théorie des filtres. Nous résumons brièvement ces deux aspects du modèle.

Le composant de base contient les règles de base et le lexique. La forme des règles de base est de type $X^n \rightarrow$ Spec $X^{n-1}$ Comp, où X représente les catégories syntaxiques majeures définies par les traits [$\pm$N, $\pm$V] et où n = 3. Le format des règles de base permet des généralisations cross-catégorielles et définit la position des spécificateurs et des compléments par rapport à la tête. Avec Den Besten (1978) et Van Riemsdijk (1978) nous considérerons que les catégories syntaxiques sont non seulement définies par des traits majeurs (Jackendoff (1977)), mais également par des traits mineurs tels [WH], [T] (TEMPS), [COMP], etc. Dans ce cadre *la* est une catégorie mineure définie par le trait [+DET]. La théorie des filtres a été proposée dans le but de définir les conditions sur la bonne formation des formes de surface. Selon Chomsky et Lasnik (1977) des formes de surface mal formées pourraient résulter de la non application des règles optionnelles d'élision dans COMP, c'est-à-dire au niveau S'. Comme nous le verrons, le déterminant *la* est soumis à ce type de condition sur la bonne formation des formes de surface.

L'article est organisé de la façon suivante : la section 1 contient un aperçu de la structure du NP et des faits relatifs à *la* comme déterminant de nom. La section 2 documente les occurrences de *la* dans l'environnement d'une phrase et suggère une analyse qui rende compte de ces faits. En 3 nous documentons les occurrences de *la* dans les environnements autres que N et S pour montrer que *la* est un déterminant de toutes les valeurs de X. Finalement, dans la section 4, nous proposons une hypothèse sur le processus de propagation de la catégorie DET à différentes valeurs de X.

1. LA STRUCTURE INTERNE DU NP ET *LA* COMME DÉTERMINANT DU NOM

Dans cette section nous décrivons la structure interne du syntagme nominal en haïtien (1.1) ainsi que les faits relatifs à *la* déterminant du nom (1.2). Mentionnons au préalable que le déterminant *la* comporte les variantes suivantes : [*la, a, ã, nã, lã*], qui sont contextuellement déterminées.[2] Un exemple de chacune des réalisations de *la* figure en (1).

(1)   *tab la*                  'la table'
     *kè a*                  'le coeur'
     *mẽ ã*                'la main'

*mun nã*            'la personne'

*vãt lã*            'le ventre'

Le pluriel du nom est marqué par *yo*. Ainsi, on trouve *tab layo* 'les tables'. Certains locuteurs n'insèrent pas *la* dans l'environnement de *yo*; pour ces locuteurs *tab yo* 'les tables' est utilisé à la place de *tab layo*. A cause de cela, et à cause du fait que *yo* n'est pas utilisé comme pluriel indéfini, e.g., *tab yo* ≠ 'des tables', le trait [±PLURIEL] ne sera pas considéré comme indépendant de DET.

## 1.1 Les constituants du NP

Cette section contient une description de la structure du NP. Nous allons supposer pour l'instant que cette structure est telle qu'en (2) (où V''' = S').

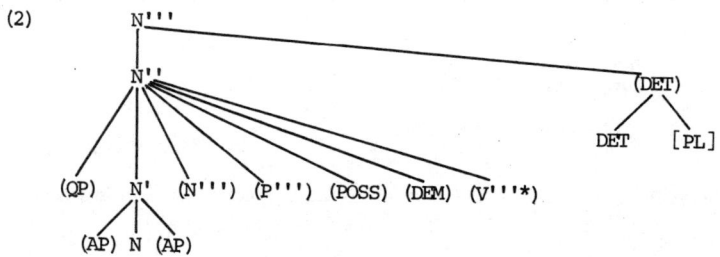

Dans les paragraphes qui suivent nous commentons brièvement la position de chacun des constituants du NP.

Des exemples de QP sont illustrés en (3) :

(3)  QP : *yun, de, twa (tab)*  'un, deux, trois tables'

   *ãpil (tab)*         'beaucoup de tables'

   *ũ (tab)*            'une (table)' (variantes phonologiques
                         [*yũ, yõ, õ*])

Pour ce qui est des AP, mentionnons que certains adjectifs se placent devant le nom (e.g., *bõ, dènyè, grã, žèn, kut, movè, piti* 'bon, dernier (-ère), grand(e), jeune, court(e), mauvais(e), petit(e)'), d'autres après (e.g., *ruž* 'rouge', etc.), tel qu'en (4).

(4)  *ũ žèn ti gasõ*        'un jeune garçon'
   *ũ ti gasõ žèn*        'un garçon jeune'
   *ròb ruž la*           'la robe rouge'
   *bèl pitit la*         'la belle enfant'

Les compléments N''' sont placés après la tête, tel qu'en (5).

(5)  mašin papa m    nã
     auto  papa POSS DET

   'la voiture de mon père'

Un complément N''' et un démonstratif peuvent modifier le même nom tête tel qu'en (6).

(6)  mašin papa m    sa  a
     auto  papa POSS DEM DET

   'cette machine de mon père'

Un complément N''' ne peut apparaître avec un complément P''' à moins que celui-ci ne soit extraposé, tel qu'en (7a) et (7b) respectivement.

(7) a. *pitit    fi      papa m    ak    sak yo
       petite fille papa POSS avec sac PL

   'la fille de papa avec les sacs'

   b. pitit    fi     papa m   nã , ak    sak yo
      petite fille papa POSS DET, avec sac PL

   'la petite fille de papa, avec les sacs'

Ceci est probablement dû à des contraintes d'ordre perceptuel, les compléments P''' aussi bien que N''' pouvant apparaître au niveau N'' tel qu'illustré en (8).

(8) a. fi     ak    šəvø     lõg  sa  yo
       fille avec cheveux long DEM PL

   'ces filles avec des cheveux longs'

   b. fi     ak    šəvø    lõg    {nã}
                                  {yo}
      fille avec cheveux longs   {DET}
                                 {PL }

   ' {la } fille(s) avec des cheveux longs'
     {les}

   c. fi     ak    ũ  sak yo
      fille avec un sac PL

   'les filles avec un sac'

Les compléments P''' peuvent également apparaître en position extraposée, à droite de DET, donc au niveau N''' tel qu'en (9) :

(9) fi    sa   a   ak    šəvø    lõg   nã
    fille DEM DET avec cheveux longs DET

   'cette fille avec des cheveux longs'

Notons ici que les compléments N''' ne peuvent être extraposés comme les compléments P'''. La phrase (10) où le complément N''' a été extraposé est agrammaticale alors que la phrase (9) où le complément P''' a été extraposé est grammaticale.

(10) *(se)   mašin nã,  papa m   nã
     (c'est) auto  DET  papa POSS DET

    'la machine de mon père'

En (9), le P''' extraposé fait quand même partie du même constituant NP, comme nous pouvons voir quand le NP est clivé, tel qu'en (11).

(11) se    fi    sa  a , ak   šəvø   lõg  nã , ki  pati...
     c'est fille DEM DET avec cheveux longs DET qui partir...

    'C'est cette fille avec les cheveux longs, qui est partie'

Nous considérons maintenant les adjectifs possessifs. (12a) contient le paradigme des adjectifs possessifs et (12b) des exemples.

(12) a.
|  | | singulier | pluriel |
|---|---|---|---|
| 1$^{\text{ère}}$ | personne | mwẽ | nu |
| 2$^{\text{e}}$ | personne | u | nu |
| 3$^{\text{e}}$ | personne | li | yo |

b. tab mwẽ ã        'ma table'

   parã nu          'nos/vos parents'

Sa est le démonstratif, il peut apparaître avec un possessif et un déterminant, tel qu'en (13a). Tel qu'illustré par l'agrammaticalité de (13b), l'adjectif possessif doit précéder le démonstratif.

(13) a. pitit {mwẽ / li} sa a
       petit POSS DEM DET
       'cette petite à {moi / lui}'

   b. *pitit sa li a

Les relatives restrictives peuvent occuper deux positions : premièrement, une position au niveau N'' entre les compléments et le DET tel qu'en (14) et (15).

(14) fi $_{P'''}$[ak šəvø lõg] $_{V'''}$[ki lã kay] yo[3]
     fille     avec cheveux longs      qui dans maison PL
     'les filles aux cheveux longs qui sont dans la maison'

(15) mašin $_{N'''}$[papa m] $_{V'''}$[ki nã garaž] la
     auto       papa POSS       qui dans garage DET
     'la machine de mon père qui est dans le garage'

Deuxièmement, elles peuvent être extraposées au niveau N''' à droite de DET (position extraposée, comme les P'''), tel qu'en (16) et (17) :

(16) fi $_{P'''}$[ak šəvø lõg] yo] $_{V'''}$[ki nã kay la]
     fille     avec cheveux longs PL      qui dans maison DET
     'les filles aux cheveux longs qui sont dans la maison'

(17) mašin $_{N'''}$[papa m nã] $_{V'''}$[ki nã garaž la]
     auto       papa POSS DET      qui dans garage DET
     'l'auto de papa qui est dans le garage'

La relative extraposée fait partie du constituant NP (N''') comme nous pouvons voir quand le NP est clivé, tel qu'illustré en (18).

(18) se $_{N'''}$[fi a ki gẽ šəvø lõg nã], ki pati
c'est fille DET qui avoir cheveux longs DET qui partir
'C'est la fille qui a des cheveux longs, qui est partie'

Les relatives non restrictives ou appositives occupent une position au niveau N''' à gauche du DET. Ceci est illustré par les phrases de (19).

(19) a. $_{N'''}$[nẽg $_{V'''}$[ki te vin mãže yè swa a]
homme qui TNS manger hier soir DET

$_{V'''}$[ki rele pyè] a]$_{N'''}$
qui s'appeler Pierre DET

'L'homme qui est venu manger hier soir, qui s'appelle Pierre Pierre...'

b. *nẽg la $_{V'''}$[ki rele pyè]

c. nẽg [ki rele pyè] a, [ki te vin mãže a]
homme qui s'appeler Pierre DET qui TNS ASP manger DET

'l'homme qui s'appelle Pierre, qui est venu manger...'

En (19a) la relative appositive est à gauche du DET de N, et à droite de la relative restrictive. La phrase (19b), où la relative appositive est à droite du DET, n'est pas grammaticale. En (19c) la relative appositive est à gauche du DET de N et la relative restrictive est extraposée.[4]

Dans cette section, nous avons esquissé la position des constituants du NP en haïtien : les quantificateurs (QP), les adjectifs (AP), les compléments nominaux (N''') et prépositionnels (P'''), les relatives restrictives et appositives (V''') ainsi que les adjectifs possessifs (POSS) et démonstratifs (DEM). Deux positions ont été définies pour les compléments P''' : l'une au niveau N'' avec les compléments N''', l'autre au niveau N''' en position extraposée après le DET. Deux positions ont également été définies pour les relatives restrictives : l'une au niveau N'', l'autre extraposée au niveau N''' après le DET. Relativement à la position des constituants par rapport à la tête du NP, il ressort les deux faits suivants : tel que prédit par la théorie X', les compléments N''' et P''' ainsi que les relatives suivent la tête du NP; par ailleurs, contrairement à la prédiction de la théorie X', tous les spécificateurs de N, aussi bien les adjectifs possessifs (POSS) et démonstratifs (DEM) que le déterminant (DET), suivent le nom tête. La règle de base de l'haïtien par laquelle les spécificateurs, aussi bien que les compléments, sont engendrés à droite du nom tête est donc une règle marquée.

## 1.2 *La* comme déterminant du nom

Cette section est consacrée à une description des faits syntaxiques et sémantiques relatifs à *la* comme déterminant de nom.

Le déterminant *la* est attaché dans la structure (1) au niveau N'''. Cette position est d'une part justifiée par les données, et d'autre part, elle est prédite par la théorie. D'une part, en haïtien *la* doit apparaître après les compléments comme dernier élément du NP (voir (14) et (15)) ce qui justifie la position qui lui est assignée dans la structure (2) au niveau N'''. D'autre part, la théorie X barre stipule que les déterminants d'une valeur de X sont rattachés au niveau trois barres.

Du point de vue sémantique, le déterminant *la* de l'haïtien n'a pas le même sens que le déterminant *le/la* du français. En haïtien *la* est un défini déictique. Ainsi un syntagme nominal contenant un *la* (déterminant) en surface sera interprété comme spécifié. Fournier (1977) et Lefebvre et Fournier (1978) montrent qu'un nom spécifié est soit un N dont il a déjà fait mention dans le discours, un N dont la référence est rendue explicite par le contexte situationnel de l'interaction ou un N dont la référence à un objet ou à une situation est identifiable et connue par tous les participants à l'interaction. Les trois exemples suivants tirés de Lefebvre et Fournier (1978) illustrent les propriétés déictiques du DET en haïtien. La phrase (20) illustre le premier cas où un personnage nouvellement introduit dans le récit apparaît sans déterminant alors que la seconde fois que ce personnage est mentionné, le nom est suivi du déterminant *la*.[5]

>   (20) nu    te   gẽ    tõtõ   nu  ki  te  bõkõ.    ep̃li  mãmã m
>        nous TNS avoir oncle POSS qui TNS sorcier.  et puis maman POSS
>
>        vini  mãmã m    prã    mani,  l    mẽnẽ  n    ale, mẽ  *bõkõ*
>        venir maman POSS prendre Marie, elle amener nous     , mais sorcier
>
>        *a*  li-mẽm  i   pa  kõn  fè   šãdèl     le dimãš
>        DET lui-même il NEG savoir faire chandelle le dimanche
>
>        (4A, C2, O3, 8)[6]
>
>   "Nous avions un oncle qui était *sorcier*. Et puis maman est
>   venue, elle a pris Mani puis elle nous a emmenées. Mais le
>   *sorcier* (celui dont je viens de parler), il n'avait pas l'habitude de 'faire la chandelle' le dimanche."

L'exemple (21) illustre le deuxième cas, celui où la référence est rendue explicite par le contexte situationnel de l'interaction, où l'objet auquel on réfère fait partie du cadre physique du discours.

(21) m ap mete l nã *frižidè a isit la* (1A, C1, 13, 3)

"Je le mettrai dans *le frigidaire* (que l'on voit) *ici-même*."

En (22), *la* apparaît avec un nom dont la référence est connue par expérience directe ou par la culture partagée.

(22) u pral fè     barõ samdi
      tu ASP faire baron samedi

'tu feras le Baron Samedi'

m ap parèt    devã kwa a
je ASP paraître devant croix DET

'je vais me présenter devant la croix (que chacun sait qui se trouve au cimetière)' (4A, C1, 07, 7)

Les trois exemples ci-dessus illustrent les propriétés déictiques de *la* en haïtien.[7]

Ces faits montrent que la présence d'un déterminant lexical est optionnelle en haïtien contrairement à celle du déterminant du français qui est obligatoire. Nous proposons de rendre compte dans la grammaire du fait de la présence non obligatoire du déterminant en haïtien, en stipulant que son insertion est optionnelle. Si *la* a été inséré le nom qu'il détermine sera interprété comme spécifié sinon il sera interprété comme non spécifié. Dans le cas où la présence ou l'absence de *la* ne correspondrait pas à la description sémantique que nous venons d'en donner, la phrase produite sera grammaticale au niveau syntaxique mais non interprétable dans le contexte où elle aura été produite.

Rappelons que *yo* comme déterminant pluriel ne recouvre pas entièrement le sens de *la* puisqu'il n'est pas comme *la* strictement déictique. Les locuteurs qui ont *la* [-PL], *layo* [+PL], donc ceux qui ont également la distinction *layo* [+DEICTIQUE, +PLURIEL], *yo* [αDEICTIQUE, +PLURIEL], conservent la distinction [±DEICTIQUE] au pluriel. Par contre, pour les locuteurs qui ont l'opposition *la* [-PL], *yo* [+PL], la distinction [±DEICTIQUE] est perdue au pluriel. Rappelons cependant que *yo*, s'il n'est pas nécessairement déictique ne peut être utilisé qu'avec des noms définis. Ainsi *tab yo* ne peut être interprété qu'avec le sens 'les tables' et pas avec le sens 'des tables'. *La* et *yo* sont donc définis respectivement par les traits suivants :

*la* $\begin{bmatrix} +\text{défini} \\ +\text{déictique} \\ -\text{pluriel} \end{bmatrix}$    *yo* $\begin{bmatrix} +\text{défini} \\ \alpha\text{déictique} \\ +\text{pluriel} \end{bmatrix}$

Les propriétés déictiques de *la* font qu'on ne le trouve pas avec des noms génériques et de masse ou employés comme tel, ni avec les noms abstraits ou ceux employés pour désigner une notion directionnelle. Ces types de noms ne prennent ni l'article *yũ* 'un' ni le déterminant *la*. Ces faits sont exemplifiés par les phrases de (23).

(23) a. n   ap mãže *diri* avèk *pwa* (masse)
     nous ASP manger riz avec pois

   'nous mangeons du riz avec des pois'

b. gõ    baay  yo  pase   nã   televizyõ,  sa gẽ   twa
   il y a une chose passer dans télévision,  ça avoir trois

   kat    mwa   (générique)
   quatre mois

   'Il y a une chose qu'ils ont passé à la télévision, il y

   a trois ou quatre mois.'

c. pa  gẽ    verite  ladã      (abstrait)
   NEG avoir vérité  là-dedans

   'il n'y a pas de vérité dans ça'

d. m  al    lãmes  (directionnel)
   je aller messe

   'j'ai été à la messe'

Seuls les noms comptables peuvent prendre l'article ou le déterminant. L'article sera utilisé avec les noms indéfinis comme en (24a) et le déterminant avec les noms définis comme en (24b).

(24) a. m  gẽ    ũ  zaboka
        je avoir un avocat

        'j'ai un avocat'

     b. m  te  aste    tab   la
        je TNS acheter table DET

        'j'ai acheté la table'

Notons que l'article ũ et le déterminant la sont mutuellement exclusifs; cette exclusion mutuelle est due à des raisons purement sémantiques, ces deux items ayant des sens opposés.

La est donc un déterminant du nom occupant par rapport à sa tête une position marquée étant donné qu'il lui est postposé. Sémantiquement, la est essentiellement déictique. Nous avons montré qu'un nom affecté du déterminant *la* sera interprété comme spécifié. Le sens déictique de *la* explique qu'il n'apparaisse pas avec des noms indéfinis (déterminés par l'article *yũ*) ni avec des noms non-comptables (e.g., génériques, abstraits, etc.).[8] Le reste de l'article sera consacré aux occurrences de *la* apparaissant dans d'autres environnements que le nom.

## 2. *LA* COMME DÉTERMINANT DE PHRASE

Dans cette section, nous montrerons que la distribution de *la* comme déterminant, dépasse largement l'environnement d'un nom. Nous étudierons la distribution et la signification de *la* dans l'environnement d'une phrase (2.1). Nous suggérerons ensuite une analyse syntaxique qui rende compte des données (2.2).

### 2.1 Environnements S où *la* apparaît et sémantique de *la* dans ces environnements

Dans cette section, nous montrerons que *la* peut apparaître avec tous les types de phrase, principales ou enchâssées, tensées ou infinitivales. Nous étudierons la fonction sémantique de *la* dans ces environnements.

*La* déterminant de phrase a deux fonctions sémantiques reliées qui constituent une extension de la fonction sémantique de *la* comme déterminant de nom. D'une part, il peut avoir une fonction déictique comme en (25).

(25) vini l vini ã nevè m
    vçnir il venir DET énerver je

    'le fait même (ce fait) qu'il soit arrivé m'énerve'

D'autre part, il peut indiquer une présupposition sur la phrase (S) qu'il modifie comme en (26).

(26) m mãde    u   pu  ki-sa u  pa  rele    l   la
    je demander toi pour quoi tu NEG appeler lui DET

    'je te demande pourquoi tu ne l'as pas appelé'

Tout comme pour *la* déterminant de nom, *la* n'est pas syntaxiquement obligatoire dans l'environnement d'une phrase. Ainsi les phrases (27) et (28) sans *la* correspondant à (25) et à (26) respectivement sont grammaticales, mais le sens déictique ou de présupposition n'y est pas présent.

(27) m mãde    u   pu  ki-sa u  pa  rele    l   la
    je demander toi pour quoi tu NEG appeler lui DET

    'je te demande pourquoi tu ne l'as pas appelé'

(28) žã  te vini
    Jean TNS venir

    'Jean est venu'

Le seul environnement où *la* soit syntaxiquement obligatoire est l'environnement d'une relative restrictive. L'agrammaticalité de (29b) contraste avec la grammaticalité de (27) et (28). Une explication de ce fait sera suggérée à la fin de cette section.

(29) a. tab   la  [m te ašte    a]
       table DET je TNS acheter DET

       'la table que j'ai achetée est jolie'

    b. *tab la m te ašte __ bèl

Les phrases (30) à (38) exemplifient les occurrences de *la* dans les phrases enchâssées autres que relatives (29). Pour chacun des exemples deux versions sont présentées; l'une avec *la*, l'autre sans, afin de faire ressortir le sens et la fonction de *la* dans l'environnement d'une phrase. Le sens de *la* pour chacune des phrases est indiqué entre parenthèses.

*Complétive objet*

(30)  m   di   u   [li vini (ã)]
      je dire toi  il venir DET

'je te dis qu'il est arrivé (comme il devait arriver)'

(présupposition)

*Complétive sujet*

(31)  [vini l vini (ã)]  nevè    m
       venir il venir DET  énerver moi

'le fait qu'il soit arrivé (et je savais qu'il allait venir) m'énerve'

(présupposition)

ou 'le fait même qu'il soit arrivé m'énerve'

(déictique)

*Interrogative indirecte*

(32)  m   mãde      u   [pu  ki~sa u   pa  rele    l  (*la*)]
      je demander toi  pour quoi  tu NEG appeler lui DET

'je te demande pourquoi tu ne l'as pas appelé (comme c'était convenu)'

(présupposition)

*Pseudo-clivée*

(33)  [sa l ap di (a)] bõ
      ce il ASP dire DET bon

'ce qu'il est en train de dire (cela même) c'est bon'

(déictique)

*Temporelle*

(34)  [lœ li dəvã m (nã)], mwẽ wẽ se õ gro toro bèf
      quand il devant moi DET je voir c'est un gros boeuf

'au moment (même) où il se trouve devant moi, je vois que c'est un gros boeuf'

(déictique)

*Conditionnelle*

(35)  [si Žã vini (ã)] m ap mete l deyõ
      si Jean venir DET je ASP mettre il dehors

'si Jean vient (comme il a dit qu'il viendrait) je le mettrai dehors'

(présupposition)

*Causale*

(36)  li ale kay dõktè [paskə li malad (la)]
      il aller maison médecin parce que il malade DET

'il est allé chez le médecin pour la (cette) raison qu'il était malade'

(déictique)

*Complément de l'adjectif*

(37)  se    difisil  [pu   m  vini  (ã)]
      c'est difficile COMP je venir DET

   'il m'est difficile de venir (comme je le devais)'

           (présupposition)


*Impérative indirecte*

(38)  fè   [l vini  (ã)]
      faire il venir DET

   'fais-le venir (on savait qu'il devait le faire venir)'

           (présupposition)

Dans les exemples qui suivent (39)-(44), *la* apparaît avec des phrases principales.

*Déclarative*

(39)  [žã    te  vini  (ã)]
      Jean  TNS venir  DET

   'Jean est venu (comme il devait venir)'

           (présupposition)


*Interrogatives directes*

(40)  [li te  vini  (ã)]
       il TNS venir DET

   'il est venu (tel que convenu)?'

           (présupposition)


(41)  [ki   sa l ap  di  (a)]
       qui  il ASP dire DET

   'qu'est-il en train de dire (maintenant même)?'

           (déictique)

*Impératives directes*

(42) [vini (ã)] , nõ
    venir DET

'(tu devais venir alors) viens'

(présupposition)

(43) vini
    venir

'viens'

(44) [ã n ale (a)]
    IMP nous aller DET

'allons (tel qu'on avait dit)'

(présupposition)

La phrase (45) montre que *la* peut modifier non seulement les phrases tensées mais également les phrases infinitivales.

*Infinitives*

(45) li vle [vini (ã)]
    il vouloir venir DET

'il veut venir (tel que convenu qu'il viendrait)'

(présupposition)

Tous ces exemples montrent que *la* peut apparaître comme déterminant de phrase, autant avec les phrases principales qu'avec les enchâssées, et autant avec les phrases tensées qu'infinitivales. De ces exemples se dégage également le sens de *la* dans l'environnement d'une phrase. *La* est soit un déictique comme en (34), (36) ou (41); soit un marqueur de présupposition comme en (35), (37), (40), (42) ou (44).

Etant donné la sémantique de *la* dans l'environnement d'une phrase, il n'est pas surprenant de constater que, d'une part, *la* n'apparaisse jamais avec les relatives appositives (46), et que d'autre part, *la* doive apparaître avec une relative restrictive à tête nominale comme en (29).

(46) *pyè [ki te dɔ̃mi a] rive a twa zœ
Pierre qui TNS dormir DET arriver à trois heures
'Pierre, qui dormait, est arrivé à trois heures'

Ces deux derniers faits ne doivent pas être expliqués dans la syntaxe mais dans la sémantique. Ils ne constituent pas des contre-exemples à la généralisation que, d'un point de vue syntaxique, *la* est un déterminant optionnel de S quel que soit le type de phrase avec lequel il apparaît.

## 2.2 *La* comme phénomène S'

Comment rendre compte au niveau syntaxique de la présence de *la* comme déterminant de phrase? C'est la question à laquelle nous nous proposons de répondre dans cette section.

Une première solution consisterait à dire que *la* est un déterminant rattaché uniquement à N''' et que toutes les phrases se terminant par *la* sont dominées par N'''.[9] Plusieurs arguments militent contre une telle analyse. Premièrement, si tous les NP se terminant par *la* étaient des N''' ceci impliquerait une règle de base de type (47).

(47) NP → ... S' DET

D'un point de vue théorique, un tel type de règle va à l'encontre de la théorie X' qui ne permet pas qu'une valeur donnée de X domine une autre valeur de X. Deuxièmement, si les phrases se terminant par *la* étaient dominées par N''' on ne pourrait expliquer la présence de deux *la* dans un NP contenant une relative restrictive (voir (29)) étant donné qu'il n'y aurait qu'une position de DET. Troisièmement, les données présentées en 2.1 montrent que *la* apparaît dans des environnements S' pour lesquelles une analyse en terme de NP n'est pas souhaitable, par exemple les cas où *la* apparaît avec des phrases principales. Quatrièmement, il sera montré à la section suivante que *la* peut également déterminer d'autres valeurs de X que N et V. Par exemple nous montrerons que *la* peut déterminer un syntagme prépositionnel lequel n'est pas analysable en terme de NP. Pour toutes ces raisons, une solution selon laquelle les phrases déterminées par *la* seraient dominées par NP est à rejeter.

Nous suggérons de rendre compte de la distribution de *la* dans l'environnement d'une phrase en permettant à *la* d'être un DET de S par une règle de base de type (48) dans laquelle DET est une position morphosyntaxique sur S', tout comme COMP.

(48)  S' → ... S  (DET)

Dans la section suivante nous montrerons que (48) n'est qu'une réalisation particulière d'une règle plus générale (voir (56)) dans laquelle DET peut modifier toutes les valeurs de X.

L'analyse proposée ici, en plus d'expliquer les occurrences de *la* avec les phrases principales, permet de rendre compte de deux faits reliés aux relatives restrictives à tête nominale. D'une part, elle permet d'expliquer pourquoi on peut trouver deux DET à l'intérieur d'un NP contenant une relative à tête nominale, tel qu'en (50). A cet effet, contrastez (49) et (50).

(49)  tab   m te  aste   yo,  bèl
      table je TNS acheter PL belle

'les tables que j'ai achetées sont belles'

(50)  tab  yo m te  aste    a   bèl
      table PL je TNS acheter DET belle

'les tables que j'ai achetées sont belles'

En (49) *yo* est le DET de NP; en (50) *yo* est le DET de NP et *a* le DET de la relative. Le fait suivant constitue un argument en faveur de cette analyse. En effet, s'il est obligatoire d'utiliser *yo* comme forme du DET de N quand N est pluriel, il est impossible d'utiliser *yo* après une relative extraposée. C'est-à-dire que le DET de S ne peut jamais être marqué pour le pluriel. Ainsi (51) est agrammaticale.

(51)  *tab yo m te aste yo, bèl

Notons ici que la phrase (52), dans laquelle *yo* est le dernier élément de la question, ne constitue pas un contre-exemple à cette assertion.

(52)  ki mun ki te vini   yo
      qui    qui TNS venir DET

'qui étaient venus?'

Dans cette phrase, *yo* semble déterminer la tête *ki mun* 'quelles personnes' et non le S'.[10] Et si (52) est grammaticale, (53) ne l'est pas. La version grammaticale de (53) est (54) qui est parallèle à (50).

(53) *ki mun *yo* ki te vini *yo*

(54) ki mun *yo*, ki te vini *ã*

L'analyse suggérée, celle d'engendrer *la* comme DET de S dans la base, permet d'autre part de rendre compte du fait qu'il n'est pas possible de trouver plus d'un DET de S à l'intérieur d'une même phrase, alors qu'il est possible de trouver plus d'un DET de N à l'intérieur d'un même NP. En effet, étant donné la sémantique de *la* dans l'environnement d'une phrase, comme marqueur de présupposition, il n'est pas surprenant de constater qu'une phrase ne peut contenir plus d'un DET de S avec ce sens. Ainsi (55a) est agrammaticale.

(55) a. *[si mari pati *a*] [m a kõtã *ã*]
       si Marie partir DET  je MO content DET

   'si Marie s'en va (tel qu'elle devait le faire)
   je serai content (tel que j'avais prévu que je le serais)'

Deux occurrences de *la* comme DET de phrase seront cependant possibles si et seulement si DET de S n'a pas de valeur sémantique particulière dans un environnement donné. Ceci est le cas des relatives extraposées. Rappelons que *la* est obligatoire dans l'environnement d'une relative restrictive (voir (29)), et que la présence de *la* dans cet environnement est essentiellement déictique. Il est donc possible de trouver une phrase modifiée par le déterminant *la* et contenant une relative restrictive également modifiée par le déterminant *la*, tel qu'en (55b).

(55) b. tab    la,  u   pote      a,  kraze a,  tãde
       table DET tu apporter DET brisé DET voir

'la table que tu as apportée est brisée, tu vois?

(et on avait prévu qu'elle le serait)'

En résumé, nous avons vu que *la* peut apparaître avec tous les types de phrases, tensées ou non, principales et enchâssées. Une règle de base de type S' → ... S (DET) dans laquelle DET est une position morphosyntaxique a été suggérée pour rendre compte de ces faits. Il appert donc, si cette analyse est juste, que l'haïtien présente deux types de déterminants de phrase : d'une part, le complémenteur en position initiale de phrase, qui spécifie si la phrase est tensée ou non et qui est défini par le trait [±T]; d'autre part, le déterminant *la* en position finale de phrase et qui a une fonction déictique ou de présupposition du locuteur sur l'action impliquée par le verbe de la phrase que *la* détermine. Dans la section suivante nous montrerons que ces deux types de déterminant de S, à savoir COMP ([T]) et DET ont en commun des propriétés syntaxiques.

## 3. *LA* COMME PHÉNOMÈNE X'''

Nous avons vu que *la* est un déterminant de N et de S. Dans cette section nous montrerons que *la* peut modifier d'autres valeurs de X, de sorte que N(DET) et S(DET) seront considérés comme des réalisations particulières d'une règle plus générale par laquelle DET pourra modifier toutes les valeurs de X. L'analyse proposée montrera les avantages que présente la théorie X' pour la description des faits relatifs à *la* pour toutes les valeurs de X.

En (56) et (57) *la* modifie les adverbes.

(56)  la a
 lã-même

(57)  talœ a
 avant-même

En (58) et (59) *la* modifie un syntagme prépositionnel.

(58)  fi sa a $_{PP}$[ak $_{NP}$[ũ grã zãno a]
 fille DEM DET avec un grand anneau DET

 'cette fille-lã avec un grand anneau'

(59)  fi sa yo $_{PP}$[ak $_{NP}$[ũ sak]$_{NP}$ la]$_{PP}$
 fille DEM PL avec un sac DET

 'ces filles-lã avec un sac'

En (58) et (59) *la* ne peut être interprété comme le déterminant du NP contenu dans le PP parce que, comme nous l'avons vu à la section 1, l'article indéfini et *la* sont mutuellement exclusifs à l'intérieur d'un NP pour des raisons d'ordre sémantique. Donc dans les exemples (58) et (59), *la* doit être rattaché à P''' et non à N'''.

Ces données montrent que *la* peut modifier non seulement des noms et des phrases mais aussi des adverbes et des syntagmes prépositionnels.[11]

Dans le cadre de la théorie X' nous dirons que *la* peut modifier toutes les valeurs de X, e.g., N, V, P, et Adv.. Nous suggérons de représenter ce fait dans la grammaire par une règle de base de type (60).

(60)   X''' → ... X'' (DET)

Le choix du niveau trois barres comme point d'attache pour DET est prédit par la théorie d'une part, et d'autre part, par le fait que le champ sémantique de *la* correspond à tout le NP si X = N, à la phrase entière si X = V, et ainsi de suite.

Cette analyse permet de capter deux généralisations relatives à *la* pour toutes les valeurs de X avec lesquelles il apparaît. Premièrement, d'un point de vue sémantique, il existe une certaine unité dans la définition de *la*, quelle que soit la catégorie syntaxique avec laquelle il apparaît, et la catégorie DET permet de rendre compte de cette unité. Deuxièmement, d'un point de vue syntaxique, les mêmes contraintes de surface s'appliquent à toutes les occurrences de *la* quelle que soit la valeur de X avec laquelle *la* apparaît. En effet, l'haïtien ne permet pas la co-occurrence de deux DET en surface. Ainsi les séquences de (61) sont agrammaticales.

(61)   DET         DET

\*   $\begin{Bmatrix} la \\ (la) \ yo \\ la \\ (la) \ yo \end{Bmatrix}$   $\begin{Bmatrix} la \\ (la) \ yo \\ (la) \ yo \\ la \end{Bmatrix}$

De telles séquences peuvent être engendrées dans le cas d'un NP contenant un complément de nom, une relative ou un complément PP engendré au niveau N'', tel qu'en (62), (63) et (64) respectivement.

(62)
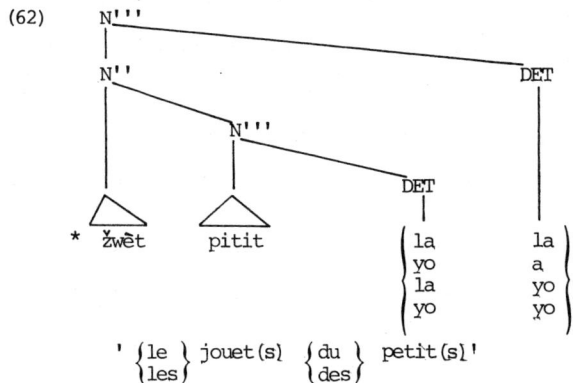

(63)
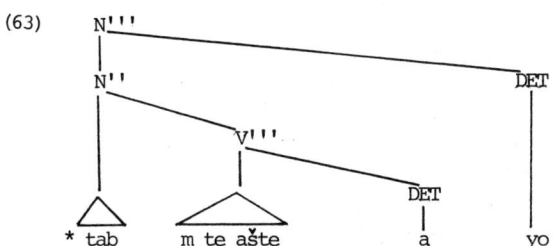

'les tables que j'ai achetées'

(64)
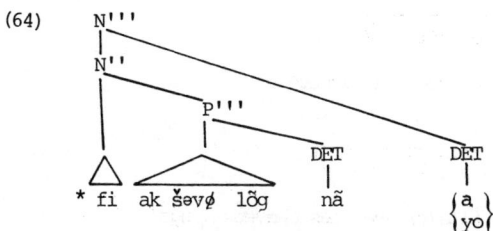

Dans ces cas l'haïtien offre deux stratégies pour contourner l'impossibilité de co-occurrence de deux DET en surface. D'une part l'haïtien possède une position extraposée pour les compléments PP et les relatives restrictives, ce qui a pour effet de séparer les deux DET en surface. Ces traits ayant été exposés à la section 1 (voir 7b, 16, 17), nous nous attarderons ici à la deuxième stratégie qu'offre l'haïtien pour contourner l'impossibilité de co-occurrence de deux DET en surface.

Les paires de phrases de (65)-(67) montrent que, si deux DET contigus ne peuvent être réalisés en surface, l'un ou l'autre de ces deux DET peut être réalisé.

(65) a. žwèt pitit yo ∅

'le(s) jouet(s) des petits'

b. žwèt pitit ∅ la

'le jouet du/des petit(s)'

(66) a. tab m te ašte a ∅

'la/les table(s) que j'ai achetée(s)'

b. tab m te ašte ∅ yo

'les tables que j'ai achetées'

(67) a. fi ak šəv∅ lõg nã ∅

'la/les fille(s) avec les cheveux longs'

b.

    fi [ak šəvø lõg] ø yo

    'les filles avec les cheveux longs'

Afin de rendre compte de ces faits, nous postulerons une règle optionnelle d'insertion de DET doublée d'un filtre. Cette règle de type (68) obéira au principe de récupérabilité de telle sorte qu'un DET [+PLURIEL] aura tendance à être inséré aux dépens d'un DET [-PLURIEL], tel qu'illustré de (65) à (67), cette préférence n'est pas catégorique, le pluriel pouvant être inféré à partir du contexte linguistique et/ou situationnel. La règle (68) qui est optionnelle est doublée d'un filtre du type (69).

(68)  DET → (la)

(69)  *DET DET

Si la règle d'élision et le filtre de surface proposés ici constituent un traitement juste des données, ce traitement fait ressortir que *la* a des propriétés similaires à celles du complémenteur (voir en particulier Chomsky et Lasnik (1977)), ce qui est compatible avec l'analyse proposée, à savoir que *la* est un phénomène X'''.

Dans cette section il a été montré que *la* peut modifier toutes les valeurs de X. Nous avons montré que *la* a des propriétés similaires à celles du complémenteur en ce qu'il est impossible de trouver deux DET co-occurrents en surface. Notre analyse met en lumière les avantages que présente la théorie X' pour la description des faits relatifs à *la*. En effet, le recours à la théorie X' permet de rendre compte des faits sémantiques et syntaxiques reliés à *la* indépendamment de la catégorie syntaxique à laquelle il est rattaché.

## 4. DE DÉTERMINANT DE NOM À DÉTERMINANT DE PHRASE : LE PROCESSUS DE PROPAGATION DE LA CATÉGORIE DET À DIFFÉRENTES VALEURS DE X

Dans cette section, nous tenterons de cerner le processus par lequel *la* est passé de déterminant de nom à déterminant de phrase et de d'autres valeurs de X. Dans un premier temps, nous discuterons le fait que *la* n'a probablement pas toujours eu la distribution dont il jouit présentement. Nous suggérons que *la* déterminant de nom s'est progressivement étendu à d'autres contextes au moyen d'un processus de réanalyse des éléments à l'intérieur du NP. Nous montrerons enfin que la réanalyse de déterminant de nom en déterminant de phrase est un processus universel dans les langues naturelles, donc un processus qui n'est pas particulier à l'haïtien. Nous discuterons du rôle du substratum dans le fait que cette réanalyse se soit produite en haïtien.

D'un point de vue théorique, il est peu probable que *la* ait toujours connu la distribution dont il jouit présentement. En particulier, il est peu probable que *la* ait été déterminant de phrase dès les débuts de l'haïtien parce que sa présence à ce niveau va de pair avec le développement du niveau S' (donc des complémenteurs), développement qui est relativement récent en haïtien (voir Koopman et Lefebvre (ce volume)).

Les données historiques nous permettent-elles d'établir que *la* n'a pas toujours eu la distribution qu'il a maintenant? Les descriptions et textes disponibles sur l'haïtien ont été utilisés pour répondre à cette question. Nous résumons ici les données pertinentes. Les trois auteurs classiques qui ont décrit l'haïtien ne mentionnent pas *la* comme déterminant de phrase. Nous résumons brièvement l'essentiel de leur description. Sylvain (1936) traite *la* comme un déterminant ('démonstratif affaibli') qu'elle confond avec l'adverbe déictique *la* 'là'. Selon Sylvain, *la* "peut déterminer des substantifs, des adjectifs, des pronoms et des adverbes" (p. 176). Nulle part dans Sylvain il n'est fait mention de *la* comme déterminant de phrase. Faine (1937) décrit *la* comme déterminant du nom ayant une origine adverbiale, ne devant "être employé que pour définir strictement" (p. 82). Nulle part dans Faine il n'est question de *la* comme déterminant de phrase. Hall (1953), écrit ceci : "Determinant, or 'definite article', which serves to make a nominal phrase (...) out of any phrase to which it is added, and makes it refer to a specific thing or things, acting as a kind of 'nominalizer' " (p. 32). Dans sa description, il ne donne aucun exemple de *la* comme déterminant d'une phrase.

Une analyse minutieuse des textes reproduits par Hall montre cependant que, à cette époque déjà, *la* jouissait d'une distribution assez large. Les faits suivants se dégagent des textes de Hall.

- Les relatives restrictives à tête nominale (excluant les relatives introduites par *sa*) sont toutes suivies de *la* mais ne sont pas non extraposées. Ce qui veut dire qu'un nom suivi d'une relative restrictive constitue le seul environnement dans les textes reproduits par Hall où *la* semble obligatoire.

- On trouve également des phrases relatives introduites par *sa*, des clivées et des subordonnées introduites par *lœ* ou *pãdã* avec lesquelles *la* apparaît optionnellement.

De ces données se dégagent deux tendances : 1. c'est l'environnement d'une relative restrictive à tête nominale qui prédomine pour *la*; 2. même s'il n'y a que peu d'occurrences de *la* avec des phrases autres que relatives, *la* semble déjà à cette époque avoir été réanalysé comme DET de phrase mais utilisé comme tel seulement dans les phrases enchâssées. Par ailleurs, si les descriptions de Sylvain et de Faine pour *la* reflètent effectivement l'usage de *la* dans les années '30, ceci tendrait à indiquer que la réanalyse de *la* comme déterminant de phrase est assez récente. Mentionnons cependant que nos deux informateurs de soixante ans possèdent, dans leur grammaire, *la* comme déterminant de phrase, mais dans les enchâssées seulement, ce qui correspond aux données tirées des textes de Hall.

Si les données historiques disponibles ne nous permettent pas d'affirmer avec certitude qu'il y a eu une période où *la* n'était déterminant que du nom, elles nous permettent tout au moins de supposer que sa distribution était plus restreinte qu'elle ne l'est aujourd'hui. En effet il n'y a aucun cas rapporté de *la* déterminant d'une phrase matrice, ni de *la* déterminant d'une phrase prépositionnelle. Nous allons donc postuler que c'est dans les phrases enchâssées que *la* est devenu déterminant de phrase et faire l'hypothèse que *la* déterminant du nom a été réanalysé comme déterminant de phrase au moyen d'un processus de réanalyse des éléments à l'intérieur du NP. Les phrases relatives constitueraient l'environnement privilégié pour la réanalyse proposée étant donné que c'est le seul S' à être engendré à l'intérieur du NP.

L'analyse proposée devra pouvoir rendre compte des deux formes de surface possibles pour les relatives telles qu'en (70) et (71).

(70) tab [m te ašte ] yo bèl
table je TNS acheter PL belle

'les tables que j'ai achetées sont belles'

(71) tab yo [m te ašte a ] bèl
table PL je TNS acheter DET belle

'les tables que j'ai achetées sont belles'

En (70) la relative est enchâssée à l'intérieur du NP tel que représenté en (72), et en (71) la relative est extraposée à droite du DET du NP tel qu'en (73).

(72)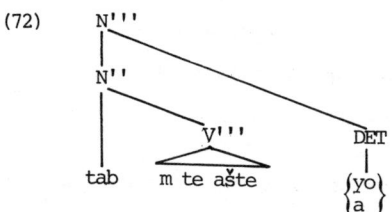

(73)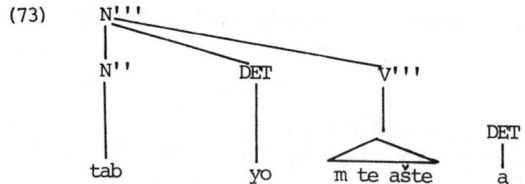

Selon le processus de réanalyse proposé, le DET de (72) aurait été réanalysé comme DET de la relative V'''. Cette analyse aurait entraîné une règle d'extraposition de la relative pour permettre aux deux DET d'être manifestés en surface, et ce malgré le filtre (69), proposé à la section 3. L'extraposition de la relative constitue un mécanisme permettant au deuxième DET d'être analysé clairement comme DET de S. Cette réanalyse aurait résulté en la création d'une règle de base de type (74).

(74)  S' → ... S  (DET)

Une fois cette règle entrée dans la grammaire, *la* pouvait apparaître avec tous les autres types de S', présumément d'abord enchâssées, puis non enchâssées, et pouvait jouir de la distribution décrite à la section 2. Notons que si cette analyse est juste elle constitue un contre-exemple à l'hypothèse généralement acceptée que les changements syntaxiques se produisent d'abord dans les racines puis ensuite dans les enchâssées (Lightfoot (1979)). Les données présentées ici impliquent un cas de changement dans les règles de base, changement qui aurait lieu d'abord dans les enchâssées et qui serait ensuite étendu aux racines.

Notons ici que le même processus semble avoir présidé à la réanalyse de DET comme DET de PP. En effet, on trouve le PP soit dans une position enchâssée entre le N et le DET, soit dans une position extraposée après le DET de N.

(75)  fi     [ak   šəvø   lõg ]  yo
      fille   avec  cheveux longs  PL

'les filles aux cheveux longs'

(76)  fi    yo   [ak   šəvø   lõg   nã]
      fille  PL    avec  cheveux longs  DET

'les filles aux cheveux longs'

Il est fort probable que le DET de N ait été réanalysé comme DET de PP et qu'une règle d'extraposition à droite de DET au niveau N''' se soit développée pour permettre au deuxième DET d'être identifié comme DET de PP.

L'hypothèse que nous venons de suggérer pour l'expansion des environnements possibles du déterminant *la* à toutes les valeurs de X va tout à fait dans le sens de d'autres cas similaires connus où un pronom ou adjectif déictique ont été réanalysés comme déterminant de phrase occupant ainsi une position morphosyntaxique sur S'. Nous rapportons brièvement quelques-uns de ces cas afin de permettre de mieux situer l'évolution de *la* dans le cadre des changements syntaxiques impliquant des positions morphosyntaxiques au niveau S'.

Le processus d'évolution postulé pour *la* semble avoir présidé à l'évolution de la particule *la* du tok pisin. Sankoff et Brown (1976:663) proposent les trois phases suivantes :

> "We propose three stages: (1) the original 'place adverb'*la*; (2) extension for use as a postposed deictic or demonstrative; and (3) further extension for general 'bracketing' use, including topic comment structures, relativization and cleft sentences."

Sankoff et Brown montrent donc que cette particule n'apparaît, dans l'environnement d'une phrase, qu'après les relatives et les clivées. Ces faits témoignent de la plausibilité de l'analyse proposée plus haut pour l'haïtien, à savoir que la réanalyse du DET du N comme DET de phrase s'est opérée d'abord pour les relatives puis qu'elle s'est étendue ensuite aux autres types de phrase correspondant à l'entrée dans la langue d'une règle de base dans laquelle DET est une position morphosyntaxique sur S'.

La réanalyse d'un déterminant de nom en déterminant de phrase n'est pas spécifique à l'haïtien. En effet, c'est un phénomène observé dans plusieurs langues du monde. Lefebvre (1980) rapporte le cas du quechua où l'on trouve un pronom démonstratif čay 'celui-là' réanalysé comme item lexical occupant une position morphosyntaxique sur S'. Considérons les phrases suivantes :

(77) a. warmi hamu-ša-n , čay-ta riku-ni
femme venir-ASP-il, cela-ACC voir-je

'je vois cela, la femme vient'

'je vois que la femme est en train de venir'

ou 'je vois la femme qui est en train de venir'

b. warmi hamu-ša-n čay-ta , čay-ta-puni riku-ni
femme venir-ASP-il COMP-ACC, cela-ACC-IND voir-je

'je vois que la femme vient'

En (a) le déictique čay 'cela' apparaît comme complément d'objet direct du verbe de la principale. En (b) il apparaît également à la fin de la complétive dans une position sur S'. Notons que les deux occurrences de čay sont à l'accusatif, ce qui correspond au cas exprimant la fonction de la complétive objet par rapport au verbe de la principale. Lefebvre (1980) montre qu'il s'est opérée une réanalyse du pronom déictique en déterminant-complémenteur de la phrase enchâssée.

Bever et Langendoen (1972:49) décrivent la réanalyse d'un démonstratif se 'that' (DET) en pronom relatif en vieil anglais.

"In stage I (A.D. 1,100). the only element that could function as
a relative pronoun was the demonstrative se, 'that', which was
declinable, and which had a masculine, a feminine, and a neutre form."

Si la réanalyse du déterminant de nom en déterminant de phrase est un phénomène que l'on trouve dans plusieurs langues naturelles, le fait qu'elle se soit produite en haïtien n'est probablement pas étranger à l'influence des langues du substratum telles l'éwé et le yoruba qui ont un déterminant de nom et un déterminant de phrases qui sont homophones (Rowlands (1969), Westermann (1965)). La position du déterminant par rapport à l'élément qu'il détermine, postposé aux têtes plutôt qu'antéposé, n'est certes pas non plus étrangère à l'influence des langues du substratum. Ce point est discuté dans l'*Introduction* à ce volume (Lefebvre (ce volume a)).

## 5. CONCLUSION

Dans cet article nous avons étudié la syntaxe et la sémantique du déterminant *la*. Nous avons fait ressortir la position marquée de *la* par rapport aux têtes qu'il modifie. Nous avons montré que *la* est non seulement déterminant de nom mais également déterminant de phrase, de préposition et d'adverbe, ce qui en fait un déterminant de toutes les catégories majeures en haïtien. Nous avons proposé de représenter ce fait dans la grammaire par une règle de base de type $X''' \rightarrow \ldots X^{n-1}$ (DET). La formulation de cette règle dans le cadre de la théorie X' nous a permis d'exprimer les faits syntaxiques et sémantiques relatifs à *la* quelle que soit la catégorie syntaxique qu'il détermine. Enfin, nous avons stipulé que *la* n'a pas toujours eu la distribution dont il jouit maintenant et nous avons suggéré une hypothèse de sa propagation, à partir de déterminant de nom, à d'autres catégories syntaxiques. Nous avons suggéré que si la réanalyse de déterminant de nom en déterminant de phrase n'est pas un phénomène exclusif à l'haïtien, le fait qu'elle se soit produite en haïtien n'est certainement pas étranger à la présence, dans les langues du substratum, d'un déterminant de phrase homophone avec le déterminant de nom.

## NOTES

\* Une version réduite de ce travail a été présentée au congrès de "Creole Syntax" tenu à Amsterdam, avril 1980, sous le titre "More on Haitian *la*". Cette recherche a été financée en partie par le Fonds Institutionnel de Recherche de l'Université du Québec à Montréal. Je remercie Robert Fournier, Hilda Koopman et Pieter Muysken pour leurs commentaires sur une version préliminaire de ce travail. Je remercie particulièrement Hélène Holly, qui, en sa qualité de Haïtienne et de linguiste a grandement contribué à établir les données qui ont servi de base à cette analyse.

1. Pour une critique de ces analyses, voir Fournier (1977) et Lefebvre et Fournier (1978).

2. Pour une analyse des règles phonologiques affectant la particule *la* en créole haïtien, voir Fournier (1978, 1981).

3. Notez que la phrase (14) peut avoir une autre interprétation dans laquelle *yo* est analysé comme le marqueur du possessif à la troisième personne du pluriel modifiant *kay*. Contrastez (14) avec la structure ci-dessous :

   fi    [ak   šəvø   lõg ]   [ki  lã   kay   yo]
   fille avec  cheveux longs  qui dans  maison POSS

   'les filles aux cheveux longs qui sont dans leur maison'

4. Les positions assignées aux relatives restrictives et appositives, aux niveaux deux barres et trois barres respectivement sont donc

conformes à l'analyse de Jackendoff (1977) pour l'anglais.

5. Notons ici que le *la* de l'haïtien se distingue de la particule ***ia*** du Tok Pisin qui lui est similaire. Selon l'analyse de Sankoff et Brown (1976:631-666), *la* peut soit définir un N référant à quelque chose qui a déjà été mentionné, soit quelque chose sur lequel le locuteur s'apprête à donner de l'information. Le *la* de l'haïtien est restreint à l'information déjà connue.

6. Le code entre parenthèses réfère aux phrases tirées du corpus Lefebvre et Fournier (1976). Il identifie la bobine, le côté de la bobine, la page de la phrase dans la transcription et le numéro de l'informateur qui a émis la phrase citée.

7. Pour une analyse détaillée de la sémantique et de la pragmatique de *la* dans le discours voir Lefebvre et Fournier (1978), et Desmarais (n.d.).

8. Fournier (1977) note que les noms propres ne peuvent prendre le déterminant, sauf pour créer un effet stylistique. Ainsi, un nom propre employé dans un sens emphatique, comme en (i), ou péjoratif, comme en (ii), pourra être suivi du déterminant *la*.

   (i)  pòtoprès la bèl       "Port-au-Prince, c'est une belle ville"
   (ii) žožo a movèz fi       "la Jojo est une mauvaise fille"

   Fournier (1977) limite l'usage du déterminant avec un nom propre à une phrase ayant un sens péjoratif. Il note (iii) comme agrammaticale. Certains de nos informateurs acceptent cependant cette phrase.

(iii) žožo a bèl fi̧    "la Jojo est une belle fille"

9. Une telle analyse a été proposée par Lefebvre et Fournier (1978).

10. Les faits relatifs à *yo* dans les relatives restrictives et les questions, permettent de faire ressortir la similarité structurale qui existe entre ces deux constructions en haïtien. Considérant les exemples suivants, on peut dire que, de la même façon que *mun* est la tête de la relative, *ki mun* est la tête de la question.

   *relative* :  mun     ki  te  vini  yo
               personne qui TNS venir DET

       'les personnes qui étaient venues'

   *question*:  ki-mun     ki  te  vini  yo
               quelles personnes qui TNS venir DET

       'quelles personnes étaient venues?'

   Pour une analyse des relatives et des questions, voir Koopman (ce volume a, b).

11. Nous n'avons pas trouvé de cas où *la* détermine un syntagme adjectival. Il se peut que ce soit à cause du fait que le syntagme adjectival n'ait pas été suffisamment étudié. Théoriquement nous n'excluons donc pas la possibilité de rencontrer des cas de co-occurrence de *la* avec un syntagme adjectival.

*P U* : MARQUEUR DE MODE, PRÉPOSITION ET COMPLÉMENTEUR*

HILDA KOOPMAN ET CLAIRE LEFEBVRE

0. INTRODUCTION

Dans cet article, nous décrivons les occurrences et les fonctions variées de *pu* en haïtien. Nous montrons que le comportement syntaxique de *pu* mène à la conclusion qu'il existe trois *pu* distincts : *pu* marqueur de mode, *pu* préposition et enfin *pu* complémenteur. L'analyse révèle que l'usage de *pu* comme complémenteur est plus récent que celui de *pu* comme marqueur de mode ou comme préposition. Ce fait nous amène à établir l'existence d'un changement récent (peut-être encore non terminé) dans l'usage de *pu* et à discuter de l'origine du *pu* complémenteur. Notre analyse mène à la conclusion que les complémenteurs peuvent avoir comme sources possibles, et les marqueurs de mode, et les prépositions introduisant les compléments finals.[1]

Le cas de *pu* en haïtien est doublement intéressant. D'une part, le *pu* complémenteur s'avère être un élément central dans l'argumentation des structures syntaxiques analysées dans ce livre (e.g., les prédicats clivés, les questions, etc.); d'autre part, le *pu* complémenteur présente à la fois des similarités et des différences avec les complémenteurs des autres langues créoles tel le complémenteur *fi* de Providence Island (Washabaugh (1975)) et le complémenteur *fu* du guyanais (Bickerton (1971)).

Le cadre théorique adopté pour l'analyse qui suit est celui développé par Chomsky et Lasnik (1977) et par Chomsky (1980). Les règles de base (1) et (2) contiennent les règles d'expansion pertinentes pour cet article.

(1)  S'' → TOP  S'
     S'  → [±T] S
     S   → NP  AUX  VP

La position TOPIC sous S'' est la position pour les éléments clivés et les constituants WH tel que *ki-mun* 'qui'.[2] La position [±T] (T = TEMPS) sous S' est la position du complémenteur, réalisé par un morphème zéro ou par le *ki* 'qui' non interrogatif; comme nous le verrons plus bas, cette position peut également être lexicalisée par *pu*. Nous présupposons un noeud AUX dont la structure interne est TEMPS-MODE-ASPECT[3] telle que représentée en (2).

(2) AUX → TEMPS (MODE) (ASPECT)

TEMPS → $\begin{Bmatrix} t(e) \\ \emptyset \end{Bmatrix}$  [±antérieur]

MODE → $\begin{Bmatrix} a, av, va, ava \\ ap \\ pu \end{Bmatrix}$  [-réalisé]

ASPECT → ap  [+ponctuel]

TEMPS est défini par les traits [±antérieur] et lexicalisé par *te* 'passé'; le présent est non-marqué. MODE est défini par le trait [±réalisé] et peut être lexicalisé par *a* et ses variantes phonologiques ainsi que par *ap* et *pu*. *Pu* est différent de *a* et *ap*; en plus d'être défini par le trait [-réalisé] il exprime l'obligation. La différence entre *a* et *ap* reste à être investiguée. Finalement, ASPECT est défini par le trait [±ponctuel] et est lexicalisé par *ap*. Mentionnons ici que dans la règle de base (2) *ap* apparaît dans deux positions : MODE et ASPECT. Il y a deux façons de rendre compte de ce fait. La première est de postuler deux entrées lexicales pour *ap*, l'une pour MODE, l'autre pour ASPECT. Une analyse alternative, que nous choisissons, consiste à rendre compte de ces données au moyen d'une règle d'interprétation sémantique qui opère cycliquement, interprétant *ap* ou bien comme ASPECT ou bien comme MODE. La structure (3) illustre l'expansion de S'' en haïtien.

(3)

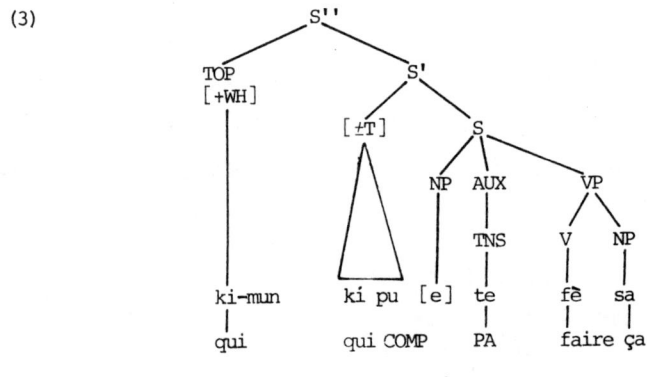

'Qui devait faire ça?'

L'article est divisé en deux parties; dans un premier temps nous étudions les fonctions, la distribution et les sens de *pu*; dans un deuxième temps nous discutons la source du complémenteur *pu*.

1. FONCTIONS, DISTRIBUTION ET SENS DE *P U*

1.1 La préposition *pu*

L'haïtien a une préposition *pu* 'pour'. Celle-ci peut avoir un complément NP comme en (4).

(4) pote    sa   pu   mwẽ
    porter  cela pour moi

  'Apporte ça pour moi.'

*Pu* peut également avoir des compléments phrastiques soit infinitivaux, comme en (5), soit tensés, comme en (6).

(5) yo    te  suvèye      baay saa    pu   ãpèše    mun      vòle li
    ils TNS surveiller chose cette pour empêcher personne voler le

  'Ils avaient surveillé cette affaire pour empêcher les gens de la voler.'

(6) m    te  bezwẽ  èskõt  lè     saa    pu   m    te  repati
    je TNS besoin argent époque cela pour je TNS partir

  'J'avais besoin d'argent à cette époque pour repartir.'

Comme nous pouvons conclure à partir des données suivantes, le *pu* qui introduit un complément final est la préposition *pu*. Premièrement, un complémenteur peut suivre ce *pu*, tel qu'en (7).

(7) yo  kite    mwẽ mèm  ak   tifi  a   rète   nã   salõ  ã
    ils laisser moi même avec fille DET rester dans salon DET

  'Ils m'ont laissé dans le salon avec la fille

```
pu    si  tifi  a     gẽ     parɔl pu  l    di    mwẽ
pour  si  fille DET   avoir  mot   pour elle dire moi
```

au cas où elle avait quelque chose à me dire.'

Le fait que le complémenteur *si* 'si' suive *pu* indique que *pu* est une préposition. Deuxièmement, un tel PP peut être questionné.

```
(8)  pu    ki-sa  m  te  bezwẽ    ẽskɔ̃t  lẽ     sa-a
     pour  quoi   je TNS besoin   argent époque cette
```

'pourquoi j'avais besoin d'argent à cette époque'

Ces données suggèrent la règle de base suivante pour les PP.

(9)  PP → P  $\begin{Bmatrix} NP \\ S' \end{Bmatrix}$

Cette règle de base est indépendamment justifiée puisqu'elle est nécessaire pour les autres prépositions qui introduisent des compléments S' tel que *pãdã* 'pendant', etc.

## 1.2 Le complémenteur *pu*

Le complémenteur *pu* apparaît seulement dans les phrases tensées. *Pu* peut apparaître après des verbes, des adjectifs et des noms. Les phrases (10), (11) et (12) illustrent des cas de verbes suivis de *pu*.

```
(10) yo   te   vle      pu   m  te   ãtre   nã    trup   Žakmɛl
     ils  TNS  vouloir  COMP je TNS  entrer dans  troupe Jacmel
```

'Ils voulaient que je rejoigne les rangs de la troupe de Jacmel.'

```
(11) yo   di    m    pu    m   vin    siyẽ    šak     mwa
     ils  dire  moi  pour  je  venir  signer  chaque  mois
```

'Ils m'ont dit de venir signer chaque mois.'

(12) msye deside pu l al ayiti
     homme décider COMP il aller Haïti

    'L'homme a décidé d'aller à Haïti.'

*Pu* peut apparaître avec la plupart des verbes performatifs, tel que *vle* 'vouloir', *di* 'dire', *deside* 'décider', *mãde* 'demander, *promèt* promettre, *swete* 'souhaiter', mais non avec *èspere* 'espérer' et *regrèt* 'regretter'.

(13) a. m èspere l ap vini
        je espérer il MO venir

       'J'espère qu'il vienne.'

     b. *m espere pu l vini
         je espérer COMP il vient

*Pu* peut également apparaître avec un petit nombre de verbes non-performatifs tel que *kwè* 'croire'.

Les verbes qui peuvent prendre *pu* ne le font jamais de façon obligatoire.

(14) m pomèt u pu m vini
     je promettre toi pour je venir

    'Je te promets de venir.'

(15) m pomèt u m ap vini
     je promettre toi je MO venir

    'Je te promets que je viendrais.'

Notez ici l'alternance entre le complémenteur *pu* (14) et le marqueur *ap* (15), alternance sur laquelle nous reviendrons plus bas.

*Pu* peut introduire des compléments sententiels d'adjectifs :

(16) li difisil pu m fè sa
 il difficile COMP je faire ça

 'Il m'est difficile de faire ça.'

*Pu* est obligatoire dans ces contextes tel qu'illustré par l'agrammaticalité de (17) :

(17) *li difisil m fè sa
 il difficile je faire cela

Nous trouvons également des occurrences de *pu* dans des phrases qui peuvent être comparées aux relatives infinitivales du français et de l'anglais :

(18) m gẽ õ baay pu m mõtre u
 je avoir une chose COMP je montrer toi

 'J'ai une chose à te montrer.'

Dans cette construction, *pu* déclenche une interprétation future, alors que l'absence de *pu* implique dans ce contexte l'interprétation d'une relative ordinaire.

(19) m gẽ õ baay m mõtre u
 je avoir une chose je montrer toi

 'J'ai une chose que je t'ai montré.'

Nous proposons d'analyser *pu* apparaissant dans ces trois environnements comme un complémenteur engendré dans la position [+T] sous S'. Les raisons suivantes militent en faveur d'une telle analyse. Considérons le paradigme de (20).

(20) a. m vle    pu  l vini
       je vouloir pour il venir

       'Je veux qu'il vienne.'

    b. m vle    sa   a
       je vouloir cela DET

       'Je veux ça.'

    c. *m vle pu   sa
        je veux COMP cela

Si on remplace le S' de (20a) par un NP cela produit (20b) et non (20c). Ainsi *pu* est dans S' et ne peut être analysé comme une préposition introduisant un complément S'. De plus, si on questionne la phrase introduite par *pu*, on n'obtient pas (21a) mais (21b). Pour ces raisons, nous analysons *pu*, apparaissant dans les trois environnements décrits plus haut, comme un complémenteur occupant la position [+T] sous S'.

(21) a. *pu ki    sa    u  vle
        pour quelle chose tu vouloir

    b. ki    sa    u  vle
       quelle chose tu vouloir

       'Que veux-tu?'

## 1.3 Le *pu* modal

*Pu* peut également apparaître comme une particule modale, avec le sens d'obligation et de futur. La phrase (22) citée par Sylvain (1936) illustre ce type d'occurrence de *pu*.

(22) tut sõlda   pu vini  laplas
     tous soldats MO venir place

     'Tous les soldats doivent venir à la place.'

Le problème ici est de déterminer le statut de *pu*. Afin de solutionner ce problème, nous contrasterons *pu* avec le modal *dwe* 'devoir'.[4]

Comme les autres verbes modaux, *dwe* partage certaines caractéristiques avec les verbes principaux. Il peut être suivi d'un complément contenant un marqueur de temps, apparaissant ainsi dans une phrase contenant deux marqueurs de temps tel qu'illustré en (23).

(23)  m  te dwe    te vini
      je TNS devoir TNS venir

      'J'aurais dû être venu.'

Avec le verbe modal *dwe*, le verbe le plus bas peut être omis en surface.

(24)  ēske       l dwe  vini ?   li dwe
      est-ce que il doit venir   il doit

      'Doit-il venir?'   'Il le doit.'

De plus, *dwe* peut prendre un complément S' tel qu'illustré en (25).

(25)  li dwe     pu   l vini
      il devoir  COMP il vient

      'Il doit venir.'

Ces faits montrent que *dwe* se comporte comme un verbe principal. Nous contrastons maintenant *pu* avec *dwe*. D'une part, *pu* ne peut être suivi par un complément qui contient un marqueur de temps en plus d'être tensé lui-même; ceci est illustré par l'agrammaticalité de (26).[5]

(26)  *nu   te  pu te wè  sa
       nous TNS MO TNS voir cela

D'autre part, le verbe le plus bas ne peut être omis après *pu* en structure de surface, tel que montré en (27) :

(27) èske      li pu vini ? *li pu
     est-ce que il MO venir    il MO

De plus, *pu* ne peut prendre de complément S'. Ces faits suggèrent que *pu* n'est pas un verbe principal. Nous apportons maintenant des arguments pour montrer que *pu* est dans AUX.

Rappelons ici la structure de base (2) dans laquelle *pu* occupe la deuxième position dans AUX. Notre analyse de *pu* qui en fait une partie de l'expansion de AUX est basée sur les faits suivants : tel qu'illustré en (28) *pu* et *ap* sont mutuellement exclusifs, ce qui justifie de les analyser comme occupant la même position.

(28) a. m ap vini
       je MO venir

     'Je viendrai.'

    b. m pu vini
       je MO venir

     'Je dois venir.'

    c. *m {pu ap / ap pu} vini
       je  MO MO   venir

De plus, pour certains locuteurs *pu* ne peut apparaître dans les phrases négatives. Ils suggèrent (29c) dans lequel *pu* est remplacé par *ap* comme phrase négative correspondante à (29a). Notez, cependant, que *ap* n'a que le sens non réalisé et non celui de modalité qu'a *pu*. Ce problème sera discuté plus bas.

(29) a. m pu vini
    je MO venir

   'Je dois venir.'

b. *m pa pu vini
    je NEG MO venir

c. m pa ap vini
    je NEG MO venir

   'Je ne viendrai pas.'

Le fait que *pu* soit mutuellement exclusif avec *ap* de deux points de vue, en plus de ne pas être un verbe principal, suggère que *pu* est dans AUX. Mentionnons ici, que les comportements différents du modal *dwe* et du modal *pu* respectivement nous forcent à garder une différence marquée entre la syntaxe et la sémantique. Nous décrivons maintenant les différentes positions dans lesquelles le modal *pu* peut apparaître.

La position assignée à *pu* dans AUX peut être considérée comme étant sa position de base. En plus de cette position, *pu* apparaît dans la position [+T] sous S' que nous appelerons sa position forte parce qu'elle est plus fréquente.[6] Les positions pour *pu* sont illustrées en (30).[7]

(30)
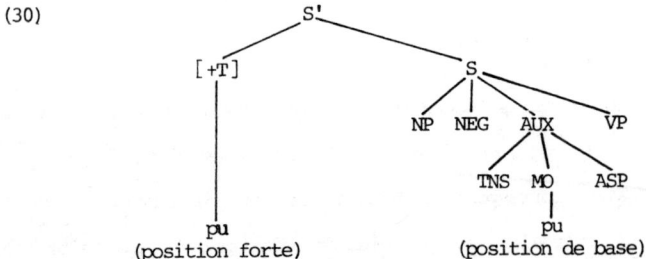

Notons ici que ces positions ne peuvent être remplies toutes à la fois par *pu*.

*Pu* peut apparaître dans sa position forte ou dans sa position de base dans les questions directes et indirectes, dans les relatives, les phrases clivées, les constructions de prédicats clivés, tel qu'illustré par les phrases (31) à (35) :

(31) a. ki - mun     ki (pa) te pu vini mõreal
       quelle personne *ki* NEG TNS MO venir Montréal

   'Qui avait dû venir à Montréal/
       Qui n'avait pas dû venir à Montréal?'

   b. ki-mun ki pu (pa) te vini mõreal

(32) a. m mãde     u ki mun      u    (pa) te pu bay    lažã
       je demander toi quelle personne vous (NEG) TNS MO donner l'argent

   'Je te demande à qui vous deviez donner de l'argent/
       vous ne deviez pas donner de l'argent?'

   b. m mãde u ki mun pu n (pa) t bay lažã

(33) a. m te ašte    liv  m  (pa) te pu li   a
       je   acheter livre je (NEG) TNS MO lire DET

   'J'avais acheté le livre que je devais lire/
       que je ne devais pas lire.'

   b. m te ašte liv pu m (pa) te li a

(34) a. se    nu  ki (pa) te pu vini
       c'est nous *ki* (NEG) TNS MO venir

   'C'est nous qui devions venir/
       qui n'avions pas dû venir.'

   b. se nu ki pu (pa) te vini

(35) a. se    vini   nu    (pa)   te pu vini
       c'est venir nous (NEG) TNS MO venir

   'C'est nous qui avions dû venir/
                   n'avions pas dû venir.'

   b. se vini pu nu (pa) te vini

Les informateurs sont tous d'accord pour dire qu'ils préfèrent la position forte pour *pu*, c'est-à-dire, celle qui est sous S'. Cette préférence dans leurs jugements, correspond avec le comportement des locuteurs enregistrés en conversation naturelle. En effet, dans les données enregistrées, la position forte est la position choisie le plus souvent. Un fait intéressant à noter est que certains locuteurs n'acceptent pas les phrases qui contiennent *pu* dans AUX. Ces locuteurs disent que (36b) est beaucoup mieux que (36a).

(36) a. m   te pu vini
       je TNS MO venir

   'Je devais venir.'

   b. m gẽ      pu   m te vini
       je avoir COMP je TNS venir

   'Je devais venir.'

Dans (a), *pu* est dans AUX alors qu'en (b) *pu* est dans COMP, sous-catégorisé par *gẽ* 'avoir' signifiant 'devoir'. Ces locuteurs semblent donc ne pas avoir *pu* dans AUX. De plus, dans les contextes qui permettent une interprétation modale pour *pu*, ils remplacent *pu* par *dwe* 'devoir'. Quand on leur a demandé si la phrase (37a) était correcte, ces locuteurs ont suggéré (37b) comme façon correcte de dire (37a).

(37) a. nu pa te pu wè sa
nous NEG TNS MO voir cela

'Nous n'avions pas à voir ça.'

b. nu pa te dwe wè sa
nous NEG TNS devoir voir ça

'Nous n'avions pas à voir ça.'

Après avoir discuté les positions possibles pour *pu* nous considérons maintenant la question suivante : Est-ce que la différence de positions pour *pu* implique une différence de comportement syntaxique? Les faits suivants montrent que c'est en fait le cas. Quand *pu* est dans AUX il ne peut apparaître avec *dwe* alors que quand *pu* est dans S' il le peut. Ce comportement différencié est illustré en (38).

(38) a. *ki-sa n te pu dwe fè
quoi nous TNS MO devoir faire

'Qu'est-ce que nous devions faire?'

b. ki-sa pu n te dwe fè
quoi COMP nous TNS devoir faire

'Qu'est-ce que nous devions faire?'

Ces données suggèrent fortement que, en même temps que *pu* quitte AUX pour s'insérer dans COMP (du point de vue historique), il perd son sens modal d'obligation. Ceci nous amène à discuter les sens de *pu* relativement aux contextes syntaxiques variés dans lesquels il apparaît.

Tel que mentionné précédemment, *pu* apparaissant dans AUX, a le sens d'obligation et de futur. Ce sens est illustré en (39) :

(39) m  pu  ale    lekòl
    je MO aller  école

    'Je dois aller à l'école.'

Tel que noté plus haut, *pu* a toujours le sens d'obligation dans ce contexte et ne peut apparaître avec le verbe modal *dwe* 'devoir'. La différence entre *dwe* et *pu* en est une d'intensité tel qu'illustrée en (40) :

(40) a. m  dwe   fè   sa
        je devoir faire ça

       'Je dois faire ça.'

    b. m  pu  fè   sa
       je MO faire ça

       'Je dois faire ça.'

Nous avons déjà montré en (29) que pour certains locuteurs *pu* ne peut apparaître en AUX dans les phrases négatives et que dans ce contexte il est remplacé par *ap*. Pour ces mêmes locuteurs *pu* peut apparaître sous S' dans les phrases négatives tel qu'illustré en (41) et (42) :

(41) ki sa pu   n    te  fè
     quoi COMP nous TNS faire

     'Qu'est-ce que nous devions faire?'

(42) ki sa pu   n    pa   te  fè
     quoi COMP nous NEG TNS faire

     'Qu'est-ce que nous ne devions pas faire?'

On s'attendrait à ce que (42) soit agrammaticale si *pu* apparaissant dans S' n'était pas différencié de *pu* apparaissant dans AUX.

Tel que nous l'avons vu en (36-42), *pu* a perdu une partie de son sens d'obligation quand il apparaît sous S'. Dans cette position cependant, *pu* a gardé son sens futur. En effet, si *pu* avait perdu son sens originel de futur, nous nous attendrions à ce qu'il apparaisse avec le marqueur de futur *ap* tel qu'en (43) :

(43) \*ki sa pu    nu   ap fè
     quoi COMP nous MO faire

 'Qu'est-ce que nous ferons?'

La phrase (43) n'est cependant pas grammaticale, ce qui montre que *pu* et *ap* sont encore en quelque sorte en conflit. En fait, la généralisation qui semble correcte est que lorsque *pu* apparaît dans S' la position de MODE dans S doit être vide. La structure (44) montre le lien entre les deux positions :

(44)
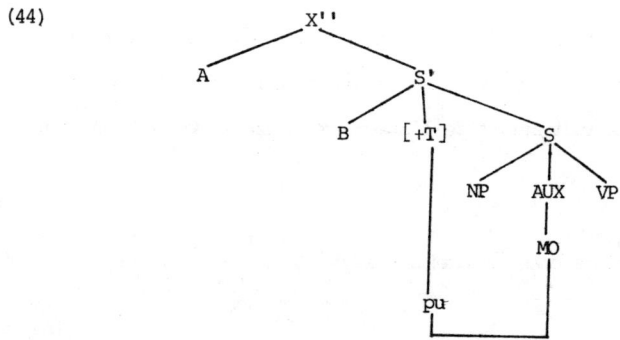

Ce lien, s'il est particulier à la langue haïtienne reflète une règle plus générale de la grammaire noyau qui lie la position [±T] sous S' à AUX sous S. Le mécanisme spécifique par lequel la cooccurrence de *pu*

dans S' et de *pu/ap* dans MODE sera exclue reste à être défini.

### 1.4 Le *pu* généralisé

Jusqu'à maintenant, nous avons montré qu'il y a divers types de *pu* en haïtien. La préposition introduisant des NP et des S', le complémenteur *pu* sous-catégorisé par certains verbes, adjectifs et noms (e.g., dans les relatives comparables aux relatives infinitivales du français et de l'anglais); et le marqueur modal *pu* apparaissant dans AUX et sous S'. Ainsi, il y a plusieurs *pu* d'origines variées qui aboutissent dans la même position de surface, ce qui rend difficile la tâche de les distinguer.

Il existe certaines indications à l'effet que *pu* est en voie de devenir un complémenteur général. Premièrement nous trouvons les occurrences de *pu* là où il est vide de sens tel que montré en (45). Plusieurs de ces occurrences ont été trouvées dans notre corpus. Même si ces occurrences sont jugées bizarres par nos informateurs, nous voulons les considérer comme indicatives de l'émergence de *pu* comme complémenteur non-marqué.

(45) alɔ̃ se žũs lɛ̃ m a muri pu m vin gɛ̃
alors c'est seulement quand je MO mourir COMP je venir avoir

lavi
repos

'C'est seulement quand je mourrai que j'aurais du repos.'

En fait, il n'est pas entièrement correct de dire que *pu* est vide de sens, puisque la présence de *pu* implique le futur.

Deuxièmement, nous avons montré que *pu* et l'aspectuel *ap* ne peuvent cooccurrer dans AUX. Dans notre corpus, nous trouvons cependant des occurrences de *pu* dans S' avec *ap* dans AUX tel qu'illustré en (46).

(46) m šita nã kwẽ m ap tãde pu u ap rakõte tèl bagay
     je asseoir dans coin je ASP écouter COMP tu ASP raconter cette chose

'Je me suis assis dans le coin, t'écoutant raconter une telle chose.'

La phrase (46) est tirée de notre corpus de conversation enregistrée. Ces phrases constituent 5% de toutes les phrases qui contiennent *pu* sous S' ou dans AUX. Elles sont considérées grammaticales par tous les informateurs que nous avons questionnés. La phrase (47) a été suggérée spontanément comme un cas possible de cooccurrence de *pu* et *ap*.

(47) li trò grã pu l ap fè sa
     il trop grand pour il ASP faire ça

'Il est trop grand pour être en train de faire ça.'

Ces données montrent que *pu* est en voie de devenir un complémenteur général.

## 2. LA SOURCE DU COMPLÉMENTEUR *PU* EN HAÏTIEN

Jusqu'à maintenant, nous avons discuté les différentes occurrences de *pu*; différentes positions sont accessibles à *pu* comme marqueur de modalité : l'une dans AUX et l'autre dans S' avec une préférence pour la dernière position. De plus nous avons montré que *pu* est en voie de devenir un complémenteur général. Nos données à propos du modal *pu* indiquent qu'il y a un changement qui est en train de prendre place.

Dans la section 2.1 nous discutons du changement impliquant le *pu* modal, et nous discutons en particulier de la direction du changement de AUX à COMP, ou de COMP à AUX. Dans la section 2.2 nous discutons de la ou des sources du complémenteur *pu* qui ne doivent pas être confondues avec la préposition *pu* introduisant des compléments finals.

## 2.1 De AUX à COMP ou de COMP à AUX

Tel que mentionné plusieurs fois déjà, il y a deux positions possibles pour le modal *pu*, l'une dans AUX et l'autre sous S' avec une préférence pour la dernière position. Nous essayerons ici de déterminer quel *pu* est dérivé de l'autre, en prenant pour acquis que le *pu* complémenteur et le *pu* modal n'étaient pas tous deux présents en haïtien plus ancien.

Les deux hypothèses suivantes peuvent être formulées :
1. le *pu* modal a donné naissance au complémenteur *pu*;
2. le complémenteur *pu* a donné naissance au modal *pu*.

Ces hypothèses peuvent être testées sur des données de stades antérieurs de l'haïtien. Nous avons étudié les occurrences de *pu* dans les exemples et textes de Sylvain (1936), Faine (1937) et Hall (1953). Les données de ces textes seront discutées tour à tour.

Sylvain (1936:133) mentionne *pu* comme une préposition introduisant les NP et des compléments de but; elle mentionne également le *pu* modal.

Nous trouvons les exemples suivants pour le *pu* modal :

(48)  u   kwẽ    l  pu muri
      tu  penses il MO mourir

  'Tu penses qu'il est sur le point de mourir.'

(49)  m  pa  t    kõn    si l  te  pu vini
      je NEG TNS savoir si il TNS MO venir

  'Je ne sais pas s'il devait venir.'

(50)  nu   tut  pu  muri
      nous tous MO  mourir

  'Nous mourrons tous.'

De plus, nous trouvons une occurrence de *pu* apparaissant dans une relative :

(51)  se    sizo    pu   kupe   zõg    mun
      c'est ciseaux pour couper ongles gens

  'Ce sont des ciseaux à ongles.'

Sylvain ne mentionne pas de *pu* sous-catégorisé par des verbes et adjectifs, ni le *pu* modal sous S'.

Faine (1937) mentionne *pu* dans AUX (52), aussi bien que sous S' (53).

(52)  šãm     lã  pu   bale
      chambre DET pour balayer

  'Cette chambre doit être balayée.'

(53)  sa    pu   n    fẽ
      quoi  COMP nous faire

  'Qu'est-ce que nous ferons?'

Ainsi, les données de Sylvain et Faine donnent la même image de *pu*; il y a une position forte pour *pu* dans AUX.

Hall (1953) présente des textes d'enregistrement. Toutes les occurrences de *pu* discutées à la section 1.1 jusqu'à la section 1.4 apparaissent dans ses textes. Sur un total de 246 occurrences de *pu*, il y a 20 exemples de *pu* modal; de ces 20 exemples de *pu* modal, 16 se trouvent sous S', un dans AUX et trois sont non déterminés. Ainsi, les données de Hall présentent les mêmes tendances que les données contemporaines (voir note 6) avec une préférence marquée pour la position sous S'.

Il semble donc y avoir une différence marquée entre les données présentées dans Sylvain et Faine, et les données présentées dans Hall et les données contemporaines de l'haïtien. La position pour *pu* dans AUX semble beaucoup plus forte dans Sylvain et Faine qu'en haïtien contemporain. Considérant nos deux hypothèses nous pouvons prendre pour acquis, sur la base de données historiques présentées plus haut, que la direction du changement est de AUX à COMP et non de COMP à AUX.

Ceci nous amène à formuler l'une des conclusions majeures de cet article :

(54) Les modaux peuvent servir de source aux complémenteurs.

C'est un fait bien connu que les complémenteurs originent de sources variées dans les langues naturelles. Ainsi Lord (1975) suggère que différents verbes de *dire* sont devenus complémenteurs, Hinds (1973) et Washabaugh (1975), pour ne mentionner que ceux-là documentent des cas de développement de complémenteurs à partir de marqueurs de cas ou de prépositions. Muysken (1977) documente le cas du quechua équatorien où un marqueur de troisième personne de l'impératif a été réinterprété comme un complémenteur neutre. Dans cet article nous documentons un cas de verbe modal en voie de devenir un complémenteur. Il est intéressant de noter que le processus inverse semble avoir pris place en Luiseño, ainsi que le suggère Steele (1978) : "En Luiseño, les modaux ne sont pas issus des verbes principaux mais plutôt des conjonctions".

## 2.2 La source du complémenteur *pu*, sous-catégorisé par certains verbes et adjectifs

Dans la section 2.1, nous avons conclu que le complémenteur avec un sens modal est dérivé du modal *pu*. Dans cette section, nous tenterons de déterminer la source du complémenteur *pu* qui est sous-catégorisé par certains verbes et adjectifs. La question que nous voulons soulever est la suivante : est-ce que le marqueur modal *pu* est la seule source pour le complémenteur *pu*?

Supposons que l'haïtien avait une préposition *pu*, ainsi qu'un verbe modal *pu*, empruntés du français 'pour' et 'pour être' respectivement. La préposition *pu* introduisant des compléments de but serait dérivée soit de la préposition haïtienne *pu* soit du français 'pour que'. Si la première option est effectivement le cas qui nous occupe nous avons affaire à un développement interne probablement introduit dans la langue par l'expansion d'une règle de base de type (56) :

(56)　PP → P NP ã　PP → P $\begin{Bmatrix} NP \\ S' \end{Bmatrix}$

Ainsi l'haïtien plus ancien avait eu une préposition *pu* introduisant des NP et des compléments de but ainsi qu'un marqueur modal *pu*. D'où, alors vient le complémenteur *pu*? Comme nous l'avons vu, l'une de ses sources est le modal *pu*; l'autre selon nous est la préposition *pu* qui introduit les compléments de but.

Regardons maintenant l'hypothèse de Washabaugh qui suggère que les catégories grammaticales abstraites viennent des catégories spatio-temporelles et en particulier que dans le créole de Providence Island le complémenteur *fi* est dérivé d'une préposition locative. Si notre hypothèse au sujet de l'haïtien plus ancien est correcte, il semble que le lien entre la préposition *pu* introduisant des NP - laquelle est très rarement directionnelle et jamais locationnelle - et le complémenteur *pu* est une relation indirecte et que le lien entre la préposition *pu* introduisant des compléments finals et le complémenteur semblent être la généralisation adéquate. Nous pouvons alors reformuler l'hypothèse de Washabaugh et notre propre hypothèse formulée à la section 2.1 de la façon suivante :

(57)　1.　Les complémenteurs peuvent être dérivés de prépositions introduisant des compléments finals.
　　　2.　Les complémenteurs peuvent être dérivés des marqueurs modaux.

La première partie de l'hypothèse semble être valide pour d'autres créoles aussi bien que pour d'autres langues naturelles. Il reste à investiguer si la deuxième partie de notre hypothèse s'est déjà manifestée dans d'autres langues. Des recherches futures montreront s'il y a des développements similaires dans d'autres créoles des Caraïbes pour lesquels on rapporte des éléments modaux similaires au *pu* de l'haïtien, et souvent homophones avec leur complémenteur.

## 3. CONCLUSION

Dans cet article nous avons documenté les différentes occurrences et fonctions de *pu* en haïtien. Nous avons montré que *pu* remplit trois fonctions : celle de préposition, celle de complémenteur et celle de modal. Dans une deuxième partie, nous avons documenté la source du complémenteur *pu* en haïtien et nous avons émis l'hypothèse que ce complémenteur a deux sources possibles, d'une part la préposition introduisant des compléments de but et, d'autre part, le modal *pu*. Mentionnons que le cas que nous venons de documenter s'inscrit parmi beaucoup d'autres cas d'éléments lexicaux appartenant à une catégorie syntaxique donnée qui changent de catégorie syntaxique. A cet effet, le verbe modal réanalysé comme complémenteur s'inscrit au nombre des changements de même type déjà connus : préposition devenant complémenteur ou verbes et noms réanalysés comme préposition pour ne mentionner que ces deux cas.

## NOTES

\* Cette recherche a été rendue possible en partie grâce à une subvention du Fonds Institutionnel de Recherche de l'Université du Québec à Montréal. Deux versions préliminaires de cet article ont été présentées à des congrès internationaux : l'une présentée à la conférence des langues pidgins et créoles tenue aux Iles Vierges en mars 1979 sous le titre "All You Want to Know About Haïtian *pu* in Ten Minutes"; l'autre présentée au AUX Festival tenu à Salsbourg en août 1979, sous le titre "From AUX to COMP". Une version élargie de cet article a été publiée dans P. Muysken, éd., (1980), sous le titre "Haïtian Creole *pu*". Nous remercions Hans den Besten, Pieter Muysken, Gillian Sankoff et Ellen Woolford pour leurs commentaires sur une version préliminaire de cet article ainsi que Nanie Piou et Hélène Holly pour leur aide avec les données.

1. Les données à partir desquelles notre analyse est basée sont de trois sources : premièrement, 10 heures de conversations enregistrées, qui constituent le corpus du créole haïtien Lefebvre et Fournier (1976). Deuxièmement, les données obtenues par mode d'élicitation de phrases de la part de six informateurs et troisièmement, les textes disponibles dans la littérature. Les informateurs engagés pour les sessions d'élicitation dans les conversations enregistrées appartiennent tous à la communauté haïtienne de Montréal et sont originaires de Port-au-Prince et de ses environs. Leur âge varie entre 18 et 65 ans.

2. Pour une analyse détaillée de la formation des questions en haïtien, voir Koopman (ce volume b).

3. Voir Muysken (1980) pour une analyse de la structure interne de AUX dans les langues créoles.

4. Pour une analyse détaillée des verbes modaux en haïtien, voir Magloire-Holly (ce volume).

5. Dans les phrases négatives (racines et phrases enchâssées) il y a des occurrences de *pu* où *pu* peut être interprété comme étant tensé.

    a. nu pa t pu ta wè sa
       nous NEG TNS MO TNS voir ça

       'On n'aurait pas dû avoir à voir ça.'

    b. se nu ki pa t pu ta wè sa
       c'est nous qui NEG TNS MO TNS voir ça

       'C'est nous qui ne devions pas avoir à voir ça.'

Il y a des indications cependant que ces phrases sont des constructions pseudo-clivées dans lesquelles le premier marqueur de temps modifie un verbe *se* qui peut être élidé comme en (a) et non *pu*, qui est analysable comme un complémenteur dans le tandem *se... pu*. Les faits suivants concernant la contraction supportent cette analyse. Généralement, le pronom de première personne du singulier *mwẽ* peut être réduit à *m* tel qu'illustré en (c).

    c. m te dwe te vini
       moi TNS devoir TNS venir

       'Je devais être venu.'

Cette réduction n'est cependant pas possible dans une phrase incluant *pu* et deux marqueurs de temps. Contrastez (d) et (e) avec (c).

   d. mwẽ te pu    te vini
      moi TNS devoir TNS venir

      'Je devais être venu.'

   e. *m te pu te vini

Au lieu de la forme contractée de (c), nous avons en (d) la forme pleine du pronom, ce qui suggère que *se* a été élidé.

6. TABLEAU 1 : *Position de pu relativement au fait que S'' soit rempli ou non (3 cas ont été impossibles à classifier)*

|  | $P_2$ (position forte) | $P_1$ (position de base) |
|---|---|---|
| S'' est vide | − | 3 (3) |
| S'' est rempli | 19 (20) | 1 (20) |
|  | 19 | 4 |

7. *Pu* apparaît également dans une position à gauche de AUX tel qu'illustré en (b).

   a. ki-sa n    te pu fè    a
      quoi nous TNS MO faire DET

      'Qu'est-ce que nous devions faire?'

   b. ki-sa n    pu te fè    a
      quoi nous MO TNS faire DET

Notons cependant que *pu* dans cette position n'est jamais trouvé dans les textes des conversations enregistrées, mais seulement dans les phrases élicitées. De plus, plusieurs locuteurs considèrent non-grammaticales les phrases contenant *pu* dans cette position. Pour ces raisons, dans le reste de l'article nous ne considérons pas cette position.

LES MODAUX : AUXILIAIRES OU VERBES?[*]

HÉLÈNE MAGLOIRE-HOLLY

## 0. INTRODUCTION

Dans les travaux classiques sur l'haïtien, les verbes modaux *mèt*, *kapab*, *dwe* sont classés avec les particules préverbales *te*, *a*, *ap*, *pu* et sont considérés comme des auxiliaires ou des semi-auxiliaires. Leur distribution n'a encore fait l'objet d'aucune étude sérieuse. Notre propos est de combler cette lacune et de déterminer leur statut syntaxique. Appartiennent-ils à AUX ou à VP? Ont-ils le même statut que les particules préverbales ou les expressions aspectuelles dominées par AUX? Nous argumenterons que *mèt*, *kapab*, *dwe* appartiennent à AUX, quant à leur comportement sémantique, mais doivent être considérés comme des verbes principaux en ce qui concerne leur comportement syntaxique.

## 1. PROBLÉMATIQUE

### 1.1 AUX en haïtien

En haïtien, le temps (TNS), le mode (MO) et l'aspect (ASP) sont encodés au moyen des particules verbales *te, a(v)(a), pu*, comme l'illustrent les exemples de (1).

(1) a. žã ak mari te vini wè m
Jean et Marie TNS venir voir moi

'Jean et Marie étaient venus me voir.'

b. m a vini si u vle
je MO venir si tu vouloir

'Je viendrai si tu le veux bien.'

c. mari ap vini demẽ
Marie MO venir demain

'Marie viendra demain.'

d. pol ap maže
Paul ASP manger

'Paul mange.'

e. m te pu vini
je TNS MO venir

'Je devais venir.'

Ces particules sont dominées par AUX analysé ici comme une catégorie syntaxique mineure sous S, ce qui se traduit par les règles de base de (2) telles qu'élaborées pour l'haïtien par Koopman et Lefebvre (1981) et (ce volume), conformément à la structure universelle interne de AUX proposée par Muysken (1981).

(2) S → NP AUX VP
AUX → TEMPS (MODE) (ASPECT)
TEMPS → $\left\{\begin{matrix} t(e) \\ \emptyset \end{matrix}\right\}$ ±antérieur

$$\text{MODE} \rightarrow \begin{Bmatrix} a, va, ava \\ ap \\ pu \end{Bmatrix} \quad [-\text{réalisé}]$$

$$\text{ASPECT} \rightarrow ap \quad [+\text{progressif}]$$

Il existe en haïtien une série d'expressions aspectuelles telles que *fèk, sòt, fin, kõn, prã, mete, vin*... qui traduisent les différentes phases du déroulement de l'action. Suivies du verbe principal, elles expriment un passé récent (*fèk, sòt*), l'accompli (*fin*), le commencement de l'action (*prã, mete*), l'habitude (*kõn*), le résultat (*vin*). C'est ce que montrent les exemples de (3).

(3) a. yo  sòt mãže
     ils ASP manger

   'Ils viennent de manger.'

   b. ti mun  yo  fèk ale
      enfants DET ASP aller

   'Les enfants viennent de partir.'

   c. li te  fin dòmi
      il TNS ASP dormir

   'Il avait fini de dormir.'

   d. li te  kõn al la  vil   tu  le  žu
      il TNS ASP aller ville tous DET jours

   'Il allait en ville tous les jours.'

   e. dlo       prã kule   la   že   l
      de l'eau  ASP couler dans yeux DET

   'Il se mit à pleurer.'

   f. ti      fi    a   vin rẽmẽ l
      petite fille DET ASP aimer lui

   'La petite fille vint à l'aimer.'

Ces expressions sont aussi générées sous AUX. Elles se rapprochent des particules préverbales. Malgré leur ressemblance morphologique avec d'autres verbes, elles se révèlent syntaxiquement différentes de ces derniers et répondent à toutes les caractéristiques des verbes auxiliaires. Outre le fait qu'elles ne peuvent constituer un seul VP comme le montre (4),

(4) *li kõn

elles ne subordonnent pas le verbe principal. Dans une construction avec une de ces expressions, le verbe principal n'est jamais conjugué, n'a jamais de sujet lexical et ne peut être introduit par un complémenteur. Dès lors, il n'est pas difficile de comprendre l'agrammaticalité de (5a, b et c).

(5) a. *li te sòt te rive
    b. *li kõn pu   l mãže[1]
       il ASP pour il manger
    c. *žã fèk li sòti

Par ailleurs, dans la littérature récente, le statut des verbes modaux généralement impliqués dans le débat sur l'auxiliaire est assez controversé. Ross (1967) suggère de les analyser comme des verbes principaux membres de VP. Steele (1979) les considère comme des auxiliaires appartenant à AUX. Qu'en est-il des verbes modaux haïtiens mèt, kapab, dwe? Sont-ils dominés par AUX ou par SV? Une analyse distributionnelle de ces verbes nous permettra de dégager leurs particularités sémantiques et syntaxiques pour faire valoir, conformément à notre hypothèse, qu'ils n'appartiennent pas à AUX. Mais nous nous proposons d'abord de présenter et de situer brièvement le problème des verbes modaux dans les théories en cours.

## 1.2 Les verbes modaux dans la théorie linguistique actuelle

Ordinairement on entend par modalité "une assertion complémentaire portant sur l'énoncé d'une relation" (Benveniste (1974:187)). Cette notion susceptible d'être exprimée dans toute langue a été définie de la façon suivante par Steele (1978:20) :

> By modal, I mean elements which mark any of the following: possibility or the related notion of permission, probability or the related notion of obligation, certainty or the related notion of requirement.

La modalité se réalise de façon générale dans une structure biverbale : Verbe modal + Verbe principal. Dans la proposition faite par Chomsky (1957), le verbe modal a été analysé comme élément de AUX. Depuis lors, le statut de cette catégorie de verbes a donné lieu à diverses analyses qui peuvent se résumer en deux thèses opposées :

1. les modaux sont des auxiliaires engendrés sous AUX;
2. les modaux sont non seulement des verbes appartenant à VP, mais ils sont des verbes principaux.

Cette proposition d'analyser les verbes modaux comme des verbes principaux a été faite par Ross (1967) pour l'anglais. Retenons parmi les arguments qui fondent sa démonstration les suivants :

1. le remplacement de la séquence qui suit le modal par *so* (PRO S)

(6) They say that Tom (might have been singing) and so he might.

'Ils disent que Tom doit avoir été en train de chanter et il doit l'avoir fait.'

2. le remplacement de VP par *which* et *that*

(7) They said that Tom may be here, (which he may).

'Ils disent que Tom peut être ici, et il peut l'être.'

3. le déplacement de VP en tête de phrase (VP - fronting)

(8) They said she may attempt to leave and attempt to leave, she will.

'Ils disent qu'elle peut essayer de partir, elle essaiera effectivement.'

Ainsi, pour distinguer les verves modaux des autres verbes principaux, Ross (1967) leur attribue les traits [+V +AUX +MODAL]. Huddleston (1977) ne souligne-t-il pas, par exemple, la propriété qu'ont certains modaux, à l'instar des verbes principaux, de commander un infinitif avec *to*, alors que Pullum et Wilson (1977) relèvent, de leur côté, le fait que les modaux subissent eux aussi l'effacement de VP.

(9) a. I drank water and Bill ∅ wine.
    b. Harry may leave and Fred ∅ stay.

Cette analyse a été critiquée par Jackendoff (1972) pour qui les différences syntaxiques évidentes entre modaux et verbes bloquent un tel traitement. En effet, remarque-t-il, ils ne peuvent être marqués par le nombre, ne peuvent figurer à l'infinitif et ne cooccurrent pas dans une même phrase. Ce point de vue est partagé par les linguistes qui prônent l'existence d'une catégorie AUX et qui incluent les modaux dans cette catégorie. Dans cette approche, un modal n'est jamais dominé par VP, mais par AUX. Les traits d'auxiliarité des modaux sont trop marqués pour qu'il en soit autrement.

Nous n'affirmons pas, bien sûr, que les différents arguments présentés ici ont des implications universelles; pas plus que les quelques précisions fournies sur le contenu de ces théories permettent de trancher le problème des modaux en haïtien, ces verbes présentant tantôt les caractéristiques des auxiliaires, tantôt celles des verbes. Pour faire ressortir ces caractéristiques, étudions d'abord la distribution de *mèt, kapab, dwe*.

## 1.3 Distribution de *mèt, kapab, dwe*

Que ce soit chez Faine (1937), Sylvain (1936) ou Hall (1953), *mèt, kapab, dwe* n'ont pas été analysés comme des modaux. Faine (1937:135) les considère comme des semi-auxiliaires, c'est-à-dire, "ces verbes qui sont si souvent employés pour former des temps du verbe, qu'ils sont équivalents à de vrais auxiliaires". Sylvain (1936:79) les classe aussi parmi les auxiliaires et les particules verbales en soulignant que "ces particules d'origine verbale (...) et ces auxiliaires en se combinant entre eux donnent naissance à une multiplicité de temps et d'aspects". Hall (1953) les classe parmi les verbes introduisant des compléments indiquant le résultat, la condition. Voyons comment se présente la distribution de ces verbes.

*Mèt* est un verbe modal dans tous ses emplois. Suivi d'un autre verbe, il signifie pouvoir, avec le sens de permission :

(10) a. Žã mèt mãže si l vle
Jean pouvoir manger si il veut

'Jean peut manger s'il le veut.'

Dans certains contextes, *mèt* peut exprimer une possibilité (éventualité). Dans ce sens, il est aussi suivi d'un nom, d'un adjectif, à valeur prédicative et même d'un locatif. Il n'a pas de NP complément.

(10) b. u mèt malad u pral lekòl
tu pouvoir malade tu TNS l'école

'Tu peux être malade, tu iras à l'école.'

c. u mèt lã mõn m ap vini
tu pouvoir dans les mornes je TNS venir

'Tu peux être dans les mornes, je viendrai.'

*Kapab* traduit aussi l'idée de pouvoir (possibilité : parce que les circonstances le permettent, et l'aptitude à faire quelque chose). C'est en fait un adjectif et un verbe. Ses occurrences sous les formes *kab* et *ka* sont simplement dues à des contraintes phonologiques. Il n'admet pas de NP complément, mais il peut être suivi d'un autre verbe, d'un adjectif ou d'un nom à valeur prédicative, d'un adverbe :

(11) a. teta ki kwè li kapab gwo kãku bèf
tétard qui penser il pouvoir gros comme boeuf

'Le tétard pense qu'il peut être aussi gros que le boeuf.'

b. ti gasõ ã ka malad ki fè l pa vini
   petit garçon DET pouvoir malade qui faire il NEG venir

   'Le petit garçon est peut-être malade pour qu'il ne soit pas venu.'

c. sa m kapab di?
   cela je pouvoir dire

   'Que puis-je dire?'

*Dwe* est un verbe à trois arguments qui signifie : devoir :

(12) a. žã dwe m dis kòb
   Jean devoir moi dix centimes

   'Jean me doit dix centimes.'

*Dwe* est aussi un modal. Il peut modaliser un nom, un adjectif, un verbe et un adverbe. Il exprime alors l'obligation ou la possibilité, cette possibilité ayant un sens inférentiel.

(12) b. tut mun dwe dõmi
   tout monde devoir dormir

   'Tout le monde doit dormir.'

c. žã dwe te vini
   Jean pouvoir TNS venir

   'Jean était peut-être venu.'

A ce stade de la discussion, plusieurs constatations ressortent de ce qui précède :

1. *mèt, kapab, dwe* ont deux sens : un sens déontique et un sens épistémique, pour employer les expressions utilisées dans la littérature

pour traduire les deux sens généralement véhiculés par les verbes modaux. Le tableau I résume ces observations.

Tableau I : *Sémantique de mèt, kapab, dwe*

|  | mèt | kapab | dwe |
|---|---|---|---|
| déontique | permission | pouvoir | devoir |
| épistémique | possibilité (éventualité) | possibilité | possibilité |

2. Ces trois verbes jusqu'ici répondent à la définition des modaux. En ce sens, et sous réserve de considérations ultérieures plus fouillées, il n'est pas exagéré de conclure déjà que *mèt, kapab, dwe* sont des modaux.

3. Contrairement à *mèt* qui est dans tous ses emplois un verbe modal, *dwe* a, en plus de son sens modal, la valeur d'un verbe de plein droit; et *kapab*, la valeur d'un adjectif.

Pour les fins de la démonstration, l'analyse ne portera que sur les constructions où *mèt, kapab, dwe* sont suivis d'un verbe[2] :

$$V \quad + \quad V$$
$$[+MODAL] \quad [-MODAL]$$

Mais, avant d'entamer l'étude de cette construction dite modale, il y a lieu de faire ressortir les contraintes qui régissent l'utilisation de ces verbes et leurs combinaisons possibles avec les particules de la catégorie AUX.

## 1.4 Combinabilité des modaux entre eux

En haïtien, il est possible de trouver plusieurs modaux en combinaison dans une même phrase.

La combinaison des modaux entre eux est cependant soumise à certaines contraintes (sémantiques). Ainsi, l'observation révèle que *kapab* peut être modifié par *mèt*, *dwe* et par *kapab*. Par ailleurs, *mèt* et *dwe* s'excluent.

(13) a. li dwe kapab ale
   il devoir pouvoir aller

   'Il doit pouvoir s'en aller.' (possibilité)

   b. u mèt kab kõdyi u pa prale
   tu pouvoir pouvoir conduire tu NEG aller

   'Tu peux savoir conduire que tu n'iras pas.' (éventualité)

   c. žã ka pa te ka vin yè
   Jean pouvoir NEG TNS pouvoir venir hier

   'Il se peut que Jean n'ait pas pu venir hier.' (possibilité)

Les exemples précédents (13a) à (13c) illustrent les différentes combinaisons des verbes modaux. Il nous reste encore à étudier les possibilités de combinabilité des modaux avec les particules de la catégorie AUX.

## 1.5 Combinabilité des modaux avec les particules verbales

Les modaux ne peuvent cooccurrer qu'avec certaines particules préverbales. Ainsi, *kapab* peut apparaître avec le temps (*te*) et le mode (*a*, *ap*). Cependant, il ne peut être modifié par *ap* : aspect, à cause de son trait [+statif].

(14) a. žã  te   ka      vini
     Jean TNS  pouvoir venir

   'Jean pouvait venir.'

   b. žã  ap   ka      vini
      Jean TNS pouvoir venir

   'Jean pourra venir.'

*Dwe* aussi est susceptible d'être modifié par *te*, tel qu'en (15).

(15) žã  te   dwe    vini
     Jean TNS  devoir venir

   'Jean aurait dû venir.'

Mais une modification de *dwe* par *a*, *ap* (MO), résulterait en une phrase agrammaticale. Le sens [-réalisé] de *dwe* explique qu'il ne puisse apparaître avec un marqueur du futur. Dans ce cas, on utilise le verbe *gẽ* 'devoir' suivi de *pu* 'pour' :

(16) žã  a   gẽ     pu   l  vini
     Jean TNS avoir pour il venir

   'Jean devra venir.'

Les cooccurrences de *dwe* avec *ap* (progressif) sont aussi agrammaticales.

*Mèt* peut apparaître avec *te* et *a*. En revanche, les constructions avec *ap* (MO) sont douteuses, et *ap* (ASP) ne saurait le modifier. C'est ce qui explique l'agrammaticalité de (17).

(17) *žã  ap  mèt    vini
      Jean ASP pouvoir venir

Ajoutons, enfin, qu'aucun des verbes modaux ne peut être modifié par *pu*.

Tableau II : *Combinabilité des modaux avec les particules verbales*

|  | te | a | ap (MO) | ap - (ASP) | pu |
|---|---|---|---|---|---|
| kapab | √ | √ | √ | * | * |
| mèt | √ | √ | * | * | * |
| dwe | √ | * | * | * | * |

Cependant, ces verbes, contrairement aux autres verbes réguliers, ont des occurrences devant les particules *te* et *ap* (ASP). Les autres sont exclues. Les phrases de (18) en sont des exemples.

(18) a. žã dwe te mãže
    Jean devoir TNS manger

    'Jean doit avoir mangé.' (possibilité)

  b. žã mèt ap mãže
    Jean pouvoir ASP manger

    'Jean peut être en train de manger.' (éventualité)

  c. *žã vle ap travay

De plus, les verbes modaux se combinent aussi avec les verbes aspectuels. Dans une construction impliquant ces deux sortes de verbes, le modal précède toujours :

(19) žã dwe fèk sòti
    Jean devoir ASP sortir

    'Jean vient peut-être de sortir.' (possibilité)

En somme, *mèt, kapab, dwe* représentent en haïtien une catégorie de verbes, les modaux. En effet, ils présentent dans leur conjugaison certaines singularités; ils ne peuvent apparaître avec toutes les particules verbales alors qu'ils apparaissent devant certaines de ces particules; ils cooccurrent dans une même proposition (ce qui les différencie des modaux en anglais) et ils précèdent toujours tous les autres verbes. Ces caractéristiques se précisent davantage quand on étudie de plus près leur sémantique et leur syntaxe.

## 2. SÉMANTIQUE ET SYNTAXE DES MODAUX

L'analyse distributionnelle de *mèt, kapab, dwe* a, en fait, montré que ces verbes présentent des caractéristiques différentes de celles des autres verbes. Nous allons voir dans la prochaine partie qu'ils sont dotés de particularités sémantiques et syntaxiques qui confirment ces différences.

### 2.1 La sémantique des modaux

L'expression de la modalité se révèle très complexe et assez difficile à analyser. Ces difficultés tiennent à l'imprécision de leur sens et aux ambiguïtés de leurs réalisations. D'ailleurs, ceci n'est pas étonnant, puisque, de façon générale, tous les modaux présentent cette caractéristique de pouvoir être paraphrasés. Ils se révèlent alors sous deux dimensions.[3] Prenons l'exemple de la phrase (20) :

(20) žã dwe ale

Cette phrase est ambiguë du fait de la double interprétation de *dwe* que nous avons précédemment mentionnée. Elle peut être paraphrasée en (20a) et (20b).

(20) a. žã obliže ale
Jean obliger aller

'Jean est obligé d'y aller.'

b. žã ale pètèt
Jean aller peut-être

'Peut-être que Jean s'en est allé.'

Dans (20a), le modal a un sens d'obligation (le sens déontique) et dans (20b), un sens "inférentiel" (possibilité). C'est le sens épistémique. *Kapab* n'échappe pas à ces ambiguïtés sémantiques. Sans aucune variation dans la construction, il peut exprimer la possibilité ou l'aptitude, c'est-à-dire l'habileté à faire quelque chose. (21) peut avoir deux sens :

(21) bõs la kab fè tab la
ouvrier DET pouvoir faire table DET

'L'ouvrier est à même d'exécuter la table.'
(déontique)

'L'ouvrier a peut-être exécuté la table.'
(épistémique)

Une différenciation formelle entre ces deux phrases n'est possible que par l'adjonction d'un élément tel qu'un adverbe. Ainsi (22) n'a qu'une seule interprétation : le sens épistémique.

(22) bõs la ka fè tab la deža
ouvrier DET pouvoir faire table DET déjà

'L'ouvrier doit avoir déjà fait la table.'

En ce sens, les ambiguïtés ne peuvent disparaître qu'avec le contexte ou avec cette partie de la phrase qui, en quelque sorte, précise le sens du modal.

Ces variations sémantiques sont liées non seulement à la nature même du modal mais aussi à ses propriétés syntaxiques. La sémantique de *dwe* est telle que *te* en présence de *dwe* ne constitue pas le passé, mais fait apparaître de nouveaux effets de sens. La distinction modale établie par temps ∅ est neutralisée par *te*. Ainsi, (23b) traduit seulement l'obligation et (23c), seulement la possibilité. Ainsi, *te dwe* a toujours le sens déontique et *dwe te*, toujours le sens épistémique.[4]

(23) a. Žã    dwe    mãže
       Jean devoir manger

   'Jean a peut-être mangé.'

   ou 'Jean doit manger.'

   b. Žã    te   dwe    mãže
      Jean TNS devoir manger

   'Jean aurait dû manger.'

   c. Žã    dwe    te  mãže
      Jean devoir TNS manger

   'Jean doit (possibilité) avoir mangé.'

Les mêmes remarques valent aussi pour *kapab*.

Des effets sémantiques inusités sont aussi décelables lorsque les modaux sont combinés avec le morphème de la négation *pa*. Ainsi, la double interprétation que véhicule *dwe* à la forme affirmative (23a), disparaît à la négative : *pa dwe* traduit la défense (24a). L'insertion de *pa* après *dwe* produit la même incidence et (24b) n'a qu'un sens, le sens épistémique.

(24) a. žã   pa   dwe   mãže
Jean NEG devoir manger

'Jean ne doit pas manger.' (déontique)

b. žã   dwe   pa   mãže
Jean devoir NEG manger

'Jean n'a peut-être pas mangé.' (épistémique)

Le comportement de *kapab* dans les mêmes contextes est le même. A la négative, il traduit l'impossibilité (n'être pas apte à) et suivi de *pa*, il garde le sens de possibilité (sens épistémique).

NEG + kapab = impossibilité

kapab + NEG = possibilité (de ne pas)

Les phrases de (25) en sont une illustration :

(25) a. žã pa kapab vini (déontique)

'Jean ne peut pas venir.'

b. žã kapab pa vini (épistémique)

'Jean peut ne pas venir.'

Le comportement de *mèt* est quelque peu différent. Le fait qu'il soit précédé du marqueur *te* ne lui confère pas un sens différent et ne lève pas l'ambiguïté qui le caractérise, à moins qu'on ne fasse appel au contexte. Ainsi, (26a) peut véhiculer les deux sens du modal alors que (26b) est désambiguée par le reste de la phrase. Suivi de *te*, *mèt* a le sens épistémique (26c).

(26) a. žã  te  mèt    vini
       Jean TNS pouvoir venir

   'Jean pouvait venir.' (déontique)

   ou 'Même si Jean venait.' (épistémique)

   b. žã  te  mèt    vini  m  pa  p   gade    l
      Jean TNS pouvoir venir je NEG TNS regarder le

   'Même si Jean venait je n'en ferai pas cas.' (éventualité)

   c. žã   mèt    te  kõn vini
      Jean pouvoir TNS ASP venir

   'Même si Jean avait l'habitude de venir.' (éventualité)

Le sens épistémique de *mèt* est préservé quand il est suivi de *pa*, comme dans (26d). Précédé de *pa*, il a le sens déontique, ce que montre (26e).

(26) d. li mèt    pa  vini
        il pouvoir NEG venir

   'Même s'il ne vient pas.' (éventualité)

   e. li pa  mèt    vini
      il NEG pouvoir venir

   'Il ne peut pas venir.' (permission)

Le tableau suivant résume les deux sens de *mèt, kapab, dwe* quand ils se combinent avec *te* et *pa*.

Tableau III : *Sémantique des modaux*

|  | permission | obligation | pouvoir | possibilité |
|---|---|---|---|---|
| mèt | te (mèt)<br>(pa) mèt |  |  | (te) mèt<br>mèt (te)<br>mèt (pa) |
| kapab |  |  | (te) kapab<br>(pa) kapab | kapab (te)<br>kapab (pa) |
| dwe |  | (te) dwe<br>(pa) dwe |  | dwe (te)<br>dwe (**pa**) |

Donc, *kapab* et *dwe* précédés de *te* et de *pa* ont un sens déontique, c'est-à-dire qu'ils signifient respectivement pouvoir et devoir. *Mèt* n'a que le sens déontique (permission) lorsqu'il est précédé de *pa*.

De plus, Sylvain (1936) a souligné que dans les phrases subordonnées, *kapab* a toujours le sens de capacité. Ce qui d'ailleurs vaut aussi pour *mèt* et *dwe*.

(27) a. lõ     u  ka    travay     u  a   vini
        lorsque tu pouvoir travailler tu TNS venir

    'Lorsque tu pourras travailler, tu viendras.'

   b. di   m   si m  mèt     ale
      dire moi si je pouvoir aller

    'Dis-moi si je peux m'en aller.'

   c. si u  dwe    ale   ale
      si tu devoir aller aller

    'Si tu dois y aller, vas-y!'

Voilà autant de faits qui mettent en évidence le comportement irrégulier de *mèt, kapab, dwe* par rapport aux autres verbes et justifient de les considérer comme des modaux. Reste à élucider un autre point, celui de leur statut syntaxique : Sont-ils engendrés sous AUX? Le fait qu'ils véhiculent chacun deux sens serait-il ici un indice de deux catégories lexicales différentes? En d'autres termes, serait-on en présence d'un modal qui fonctionnerait comme un verbe principal engendré sous VP et d'un autre qui serait un auxiliaire faisant partie de AUX? Adopter une telle analyse - comme l'ont d'ailleurs proposé certains linguistes pour *need* en anglais - supposerait que l'un des modaux ne puisse subir les transformations normalement applicables au verbe. Or, nous allons voir que leur comportement syntaxique ne diffère pas avec le sens.

## 2.2 La syntaxe des modaux

### 2.2.1 Les modaux appartiennent à AUX

Qu'ils soient pris dans le sens épistémique ou dans le sens déontique, les réalisations des modaux en structure de surface les rapprochent des auxiliaires. Ainsi, soient les phrases (28a) et (28b).

(28) a. žã dwe vini
 b. žã te dwe vini

*Dwe vini* et *te dwe vini* semblent représenter un constituant simple dont žã est le sujet.

L'insertion d'un NP devant *vini* créerait des phrases agrammaticales comme dans (28c) et (28d).

(28) c. *žã dwe mari vini

d. *žã te dwe m vini

L'agrammaticalité de (28c) et (28d) contraste avec la grammaticalité de (29a) et (29b). Nous reviendrons sur ce contraste plus loin.

(29) a. žã vle mari vini
'Jean veut que Marie vienne.'

b. žã te vle m vini
'Jean voulait que je vienne.'

Considérons maintenant les modaux dans les constructions où le verbe est redoublé (voir Piou (ce volume) pour l'analyse de ces constructions). Adopter l'hypothèse de deux entrées supposerait que cette transformation s'applique à l'un des modaux et non à l'autre. Or, dans les deux cas, ils engendrent des phrases agrammaticales et se révèlent différents des verbes principaux. En effet, si à partir de (30a) on peut avoir (30b)

(30) a. žã mãže ku l vini
Jean ø manger dès que il venir

'Jean mangea dès son arrivée.'

b. D. V. : vini l vini žã mãže

on ne peut engendrer (31b) de (31a) qui a le sens déontique, ni (32b) de (32a) qui a le sens épistémique.

(31) a. ku    u   kapab   travay    tu a   vini
       dès que tu pouvoir travailler tu TNS venir

   'Dès que tu pourras travailler tu viendras.'

   b. *kapab u kapab travay u a vini

(32) a. li ka    te  ale
       il pouvoir TNS aller

   'Il était peut-être parti.'

   b. *ka li ka te ale

Pareillement, les autres modaux ne peuvent subir le clivage sans donner lieu à des phrases agrammaticales. (33a) et (33b) ne peuvent se paraphraser en (33c) et (33d).

(33) a. mari dwe    ale  lekòl
       Marie devoir aller école

   'Marie doit être partie pour l'école.'   (épistémique)

   b. mari te  dwe    ale  lekòl
       Marie TNS devoir aller école

   'Marie aurait dû aller à l'école.'   (déontique)

   c. *se dwe mari dwe ale lekòl

   d. *se te dwe mari te dwe ale lekòl

En fin de compte, les modaux, quelle que soit leur interprétation, présentent des caractéristiques qui les différencient des verbes. Sont-ils alors engendrés sous AUX? Les remarques précédentes semblent justifier un tel traitement. Cette analyse, comme nous le relevions plus haut, semble être aussi appuyée par leurs réalisations en structure de surface. A première vue, la structure impliquant *mèt, kapab, dwe* répond à celle généralement admise pour les verbes auxiliaires. C'est la construction $V_1 + V_2$ [+infinitif] où $V_1$ est l'auxiliaire et $V_2$ le verbe principal, qui n'a pas de sujet lexicalisé. Superficiellement, ces deux verbes semblent former un constituant simple, se trouvant dans la même proposition.

Cependant, les modaux représentent une classe de verbes à part, car si dans certains contextes ils fonctionnent comme les éléments de AUX (ils ne peuvent subir le clivage du prédicat, ni la duplication verbale sans donner lieu à des phrases agrammaticales), ils s'en distinguent dans d'autres.

## 2.2.2 Les modaux sont des verbes principaux

Nous avons vu précédemment que les modaux, qu'ils soient pris dans le sens épistémique ou dans le sens déontique, s'apparentent aux auxiliaires. En réalité, ils présentent toutes les caractéristiques attribuées aux verbes et, par surcroît, aux *verbes principaux*. Ils sont dominés par VP et ont des compléments S'. La prise en considération des phrases enchâssées introduites par *pu* est extrêmement révélatrice.

La phrase (34) où $V_1$ est un aspectuel et $V_2$ un verbe introduit par *pu*, est agrammaticale.

(34)  *li   fèk   pu    l   vini
       il   ASP   pour  il  venir

Mais nous avons bien des phrases telles que (35a) et (35b). ((35a) a le sens déontique, (35b), le sens épistémique) où le complémenteur *pu* introduit une phrase enchâssée avec *vini*.

(35) a. Žã   te   dwe   pu   l   vini
       Jean TNS devoir pour il venir

    'Jean aurait dû venir.'

    b. Žã   ka    pu   l   vini
       Jean pouvoir pour il venir

    'Jean peut venir.' (possibilité)

La présence du sujet lexical *l* dans la phrase enchâssée est conditionnée par la seule présence du complémenteur. L'effacement de *pu* entraînerait celle de *l*. Ceci explique aussi l'agrammaticalité de (36).

(36) *žã te dwe li vini

Cette phrase enchâssée par *pu* est donc le complément du verbe modal, et, comme l'ont proposé Koopman et Lefebvre (1981), elle est engendrée sous S'. Ainsi, (35a) aura la configuration de (37).

(37)

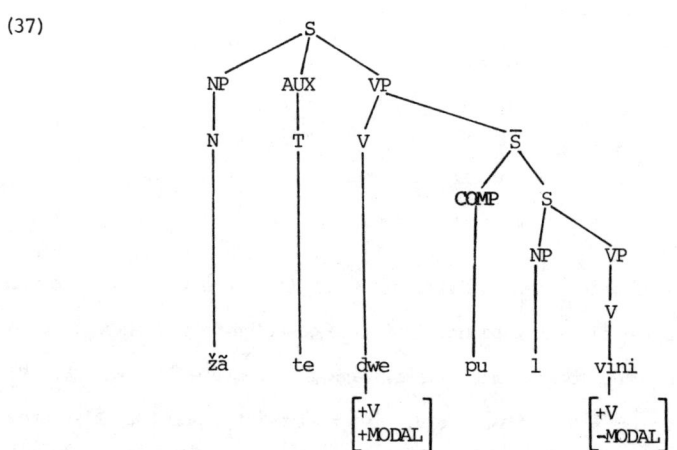

La pertinence de cette analyse ne fait pas de doute. Ordinairement, dans une construction impliquant un verbe auxiliaire, seul le verbe marqué [+AUX] prend la marque du temps, le verbe principal gardant une forme non conjuguée. Selon Steele (1978:22) :

> From the fact that the auxiliairy verb is inflected for tense it follows that the main verb will usually appear in some non-tensed and occasionnaly participial form.

En d'autres termes, c'est le cas d'une phrase simple n'admettant qu'un auxiliaire. Ainsi, (38) qui est construite avec un aspectuel ne peut admettre deux particules de temps : *te*.

(38) *li te sɔ̃t te vini

Or, (39a) et (39b) sont des phrases de la langue où $V_1$ [+MODAL] et $V_2$ [-MODAL] sont précédés d'un auxiliaire.

(39) a. Žã    te   dwe    te   vini
        Jean  TNS  devoir TNS  venir

   'Jean aurait dû venir.'

   b. Žã    te   mɛ̃t    te   vini
      Jean  TNS  pouvoir TNS  venir

   'Même si Jean était venu.'

Elles ne sont donc pas des phrases simples. C'est le cas d'un verbe modal suivi d'une phrase enchâssée, le cas d'un verbe principal ayant une phrase comme complément. Ainsi, dans la structure NP + $V_1$ + $V_2$, $V_1$ aura les traits [+V, +MODAL] et $V_2$, les traits [+V, -MODAL]. L'absence d'un sujet lexical devant *vini* en structure de surface s'explique essentiellement par le fait que *mɛ̃t*, *kapab*, *dwe* sont des verbes à EQUI. Le sujet du verbe enchâssé est coréférentiel à celui de la principale et par conséquent, il doit être élidé; ce qui est illustré par l'agrammaticalité de (40).

(40) *žã te dwe li vini

Cette identité du sujet que commandent ces verbes explique aussi l'agrammaticalité de (41).

(41) *žã dwe mari vini

où $NP_1$ est différent de $NP_2$.

(39a) aura la configuration (42).

(42)

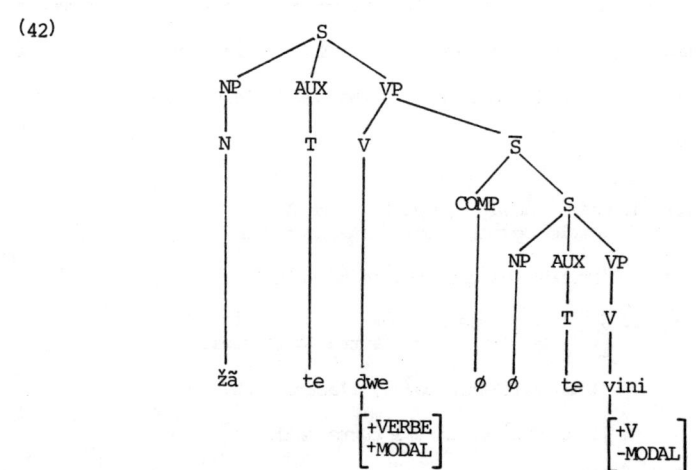

Le statut de verbe des modaux apparaît encore plus clairement dans les constructions à double négation. Considérons la phrase (43) où il y a deux négations; l'une modifiant le modal, l'autre, le verbe principal.

(43)  za    pa   ka     pa   al   travay
      Jean  NEG  pouvoir NEG  aller travailler

'Jean ne peut ne pas aller travailler.'

Comment expliquer ces deux négations dans la phrase si ce n'est par la présence de deux indicateurs sous-jacents provenant d'un enchâssement? Ceci renforce la proposition d'analyser les modaux comme verbes et suggère de plus de les analyser comme des verbes principaux plutôt que comme des auxiliaires.

Cette analyse peut, de plus, se justifier par le fait que les modaux peuvent être effacés comme tous les verbes principaux, et ce, contrairement aux auxiliaires. L'effacement trouvé dans (44a) pour le verbe principal se retrouve aussi dans (44b) qui présente un cas d'occurrence du verbe modal interprétable comme déontique ou épistémique. Mais cet effacement est impossible dans une construction telle que (44c) où il y a un aspectuel.

(44) a. maše   devã   ,  mwẽ  ∅   dẽyẽ
        marche devant   moi  (maše) derrière

   'Prends les devants, je te suis.'

   b. yun    dwe    pati   lõt      ∅    vini
      l'un  devoir  partir l'autre (dwe)  venir

   'L'un doit être parti, l'autre venu.'

   ou 'L'un doit partir, l'autre venir.'

   c. *žã sõt mãže mari ∅ bẽyẽ

De plus, en structure de surface, le modal peut lui-même remplacer le verbe principal. L'aspectuel ne le peut pas. (45a) et (45b) le montrent bien.

(45) a. bwè ki bwè m pa kapab ø
boire qui boire je NEG pouvoir (boire)

'Je ne peux même pas boire.'

b. pu di žã fèk rive? -li fèk ø

Faine (1937) souligne que "par-dessus le marché, en manière de réplique à une phrase, *mèt* peut remplacer toute une proposition" (p. 138). Cette remarque, qui vaut d'ailleurs pour les deux interprétations de *mèt*, ne peut s'appliquer à un verbe aspectuel. (46a) est grammaticale, mais (46b) ne l'est pas.

(46) a. m a pale mãmã u - u mèt ø
je TNS parler maman POSS- tu pouvoir

'Je le dirai à ta maman. - Fais-le.'

b. *li di li vin rẽmẽ l e li vin ø
il dire il ASP aimer la et il ASP

En somme, les verbes modaux en haïtien présentent certaines caractéristiques des auxiliaires. Mais, malgré certaines irrégularités, ils se distinguent des éléments de AUX et se comportent comme des verbes principaux. Il n'y a aucune évidence syntaxique qui pourrait justifier de les analyser autrement. *Mèt, kapab, dwe* se retrouvent dans des constructions où ils peuvent être précédés et suivis d'un auxiliaire et dans des constructions où ils peuvent gouverner des phrases introduites par *pu*. Ils sont souvent modifiés par la négation en même temps que le verbe principal. Ils peuvent s'effacer et peuvent remplacer toute une proposition.

Ce qui ressort alors de l'analyse, c'est que *syntaxiquement*, les modaux seront traités comme des verbes engendrés sous VP. *Sémantiquement*, les modaux épistémiques seront interprétés comme les particules de AUX, alors que les modaux déontiques seront interprétés comme des verbes.

## 3. CONCLUSION

Les modaux, c'est-à-dire les verbes qui expriment le pouvoir, la possibilité, le devoir, retiennent l'attention par leur complexité. Cette complexité tient surtout à l'ambiguïté sémantique qui les caractérise en dépit de leur similarité sur le plan syntaxique. Dans certaines de leurs réalisations en structure de surface, *mèt, kapab, dwe* se révèlent sous deux sens : un sens épistémique et un sens déontique. Nous avons montré qu'il ne faut pas deux entrées lexicales pour ces verbes, ce qui compliquerait inutilement la grammaire. Il ressort donc que les différences sémantiques sont indépendantes du comportement syntaxique.

## NOTES

\*  L'auteur désire remercier Hilda Koopman, Claire Lefebvre et Pieter Muysken dont les judicieux commentaires lui ont permis de jeter un éclairage nouveau sur la théorie élaborée dans cet article.

1. De toutes les expressions qui traduisent l'aspect, *fɛk* est la seule qui soit un verbe auxiliaire dans tous ses emplois. *Sɔ̀t, fin, vin, kõn,* qui sont les formes réduites de *sɔ̀ti, fini, vini, kõnẽ,* peuvent se trouver dans des distributions où elles ont la valeur de verbes pleins à sens transitif ou intransitif. Aussi, (5b) n'est pas agrammatical si *kõn* est la forme réduite du verbe *kõnẽ* 'savoir'.

2. Il est entendu que l'analyse ne saurait changer quel que soit l'élément qui suit le modal (verbe ou adjectif).

3. Pour Huddleston, cette équivalence sémantique est une raison valable, parmi tant d'autres, pour analyser les modaux en anglais comme des verbes principaux.

4. Comme nous l'a fait remarquer Muysken, ce contraste *te dwe/dwe te* se retrouve dans beaucoup de langues et semble suggérer qu'il n'y a qu'un seul AUX par proposition ou que AUX est le porteur privilégié du sens épistémique.

LE CLIVAGE DU PRÉDICAT*

NANIE PIOU

0. INTRODUCTION

A l'instar de beaucoup de langues africaines et de langues dites "créoles"[1], l'haïtien permet, outre le clivage des éléments du syntagme nominal (NP) ou du syntagme prépositionnel (PP), le clivage du prédicat. Ce prédicat clivé peut être soit un verbe comme en (1) et (2), soit un adjectif comme en (3) et (4).

(1) a. m tãde žã vini
　　　je entendre Jean venir

　　　'J'ai entendu venir Jean.'

　　b. se tãde m *tãde* žã vini
　　　c'est entendre je entendre Jean venir

　　　'J'ai *entendu* venir Jean.'

(2) a. mari vle pu žak rēmē l
　　　Marie vouloir pour Jacques aimer elle

　　　'Marie veut que Jacques l'aime.'

b. mari vle se *rẽmẽ* pu Žak *rẽmẽ* l
   Marie vouloir c'est aimer pour Jacques aimer elle

   'Marie veut que Jacques l'*aime*.'

(3) a. tifi          a  malad
       enfant (fillette) DET malade

       'L'enfant est malade.'

   b. se *malad* tifi a *malad*
      c'est malade enfant DET malade

      'L'enfant est *malade*.'

(4) a. m kwɛ̀ yo di mari malad
       je croire ils dire Marie malade

       'Je crois qu'ils ont dit que Marie est malade.'

   b. se *malad* m kwɛ̀ yo di mari *malad*
      c'est malade je croire ils dire Marie malade

      'Je crois qu'ils ont dit que Marie est *malade*.'

C'est à la description de ce type de phrases qu'est consacré le présent article. En premier lieu, nous étudions les propriétés des prédicats clivés : nous montrons que le clivage du prédicat a les mêmes propriétés que Mouvement-*wh*, sauf dans un cas. Ensuite, nous examinons cette construction par rapport à certains types de verbes et de VP. L'analyse est menée dans le cadre théorique élaboré par Chomsky (1977), principalement. Conformément à ce cadre, les règles de base suivantes sont adoptées :

(7) S'' → TOP S'
    S' → COMP S

COMP est la position pour le complémenteur qui peut être lexicalisé par *ki* 'qui' (voir Koopman (ce volume b)] et par *pu* 'pour' (voir Koopman et Lefebvre (ce volume)). TOP est la position pour les éléments clivés sous S''. Chomsky (1977) propose de les engendrer directement dans TOP sous S''. Il montre que les constructions clivées rencontrent les critères de Mouvement *wh*. Pour rendre compte de la trace laissée dans S il propose une analyse de Mouvement de *wh*, de S à COMP, élément WH qui s'efface dans COMP parce qu'il est co-indicé avec l'élément clivé en TOP.

C'est à l'intérieur de ce cadre théorique que nous comptons montrer que le prédicat clivé a la même structure qu'un NP ou un PP clivés et que, par conséquent, il devra être généré sous S''; et que, tout comme le NP ou le PP clivés, le prédicat clivé répond aux critères formulés pour la règle de Mouvement *wh*, même s'il ne laisse pas de catégorie vide dans S.

1. STRUCTURE ET FONCTIONNEMENT DU PRÉDICAT CLIVÉ

1.1 Une même structure de base pour toutes les clivées

Nous pouvons retenir deux particularités en ce qui a trait à un NP ou un PP clivés : ils sont précédés du présentatif *se* 'c'est', et ils peuvent être suivis du complémenteur *pu*. Cependant, quand c'est le NP sujet qui subit le clivage, *ki* doit être présent au niveau S' sous peine d'agrammaticalité (voir Koopman (ce volume b) pour une analyse de cet élément). Le clivage d'un NP objet ou d'un PP est évidemment incompatible avec *ki*. Considérons les phrases clivées qui suivent :

(8) a. [se    flɛ̃     [mari  aště ] ]
       c'est fleurs   Marie  acheter

   'Ce sont des fleurs que Marie a achetées.'

b. [se    mari   [ki   [aště    flɛ̃ ] ] ]
   c'est  Marie  qui   acheter  fleurs

   'C'est Marie qui a acheté des fleurs.'

c. [se    ak    mãmã 1   [mari   al     aště     flɛ̃ ] ]
   c'est  avec  mère POSS Marie  aller  acheter  fleurs

   'C'est avec sa mère que Marie a été acheter des fleurs.'

(9) a. [se    flɛ̃    [mari  vle      [pu    mãmã 1    aště ] ] ]
       c'est fleurs  Marie  vouloir   pour  mère POSS acheter

   'Ce sont des fleurs que Marie veut que sa mère achète.'

b. [se    mari   [ki   [vle      [pu    mãmã 1    aště     flɛ̃ ] ] ] ]
   c'est  Marie  qui   vouloir   pour  mère POSS  acheter  fleurs

   'C'est Marie qui veut que sa mère achète des fleurs.'

c. [se    ak    mãmã 1   [mari   vle      [pu    1     al
   c'est  avec  mère POSS Marie  vouloir   pour  elle  aller

       aště     flɛ̃ ] ] ]
       acheter  fleurs

   'C'est avec sa mère que Marie veut aller acheter des fleurs.'

Dans (8a) et (8b) et dans (9a) et (9b) des NP ont été clivés (objet et sujet). Des PP sont clivés dans (8c) et (9c). Dans tous ces exemples on constate que le présentatif *se*[2] précède les éléments clivés. D'autre part, dans les exemples de (9) où le verbe *vle* prend un complément S' introduit par le complémenteur *pu*, le clivage des NP et PP est tout à fait grammatical. Nous allons voir qu'il en va de même pour le prédicat clivé.

Ainsi qu'on peut le noter dans les exemples donnés en (1b), (2b),

(3b) et (4b) le prédicat clivé est lui aussi postposé au présentatif se.
Soit encore l'exemple suivant (nous signifions l'emphase mise sur le
verbe en utilisant des lettres italiques dans notre traduction française) :

(10) [se   soti    [grãmun          yo  soti ] ]
     c'est sortir  grandes personnes DET sortir

   'Les grandes personnes sont *sorties*.'

Un prédicat clivé peut aussi être généré dans une phrase dont le S' est
introduit par le complémenteur *pu*. Soit (11) :

(11) [se   ašte    [mari vle     [pu   [mãmã l    ašte    flẽ ] ] ] ]
     c'est acheter Marie vouloir pour  mère POSS acheter fleurs

   'Marie veut que sa mère *achète* des fleurs.'

Ces faits montrent qu'en haïtien il n'y a pas de différence de structure
entre les clivées, quelles que soient les catégories d'éléments affectées
par le clivage. Partant, nous considérons que tous les éléments clivés
sont générés sous S''. Nous précisons maintenant le rôle de *pu* par rapport au prédicat clivé.

Comme le montre l'exemple suivant, *pu* peut précéder immédiatement
le prédicat clivé :

(12) li    te  pè    pu   se    pèdi   m  pa  t   pèdi   l
     il TNS peur    pour c'est perdre je NEG TNS perdre le/la

   'Il avait peur que je ne l'aie *égaré*.'

On pourrait imaginer que la phrase (12) aurait une représentation arborescente de type (13) et que cette représentation serait une manifesta-

tion d'une règle de base de type (14) proposée par Chomsky (1977) pour
l'anglais.

(13)

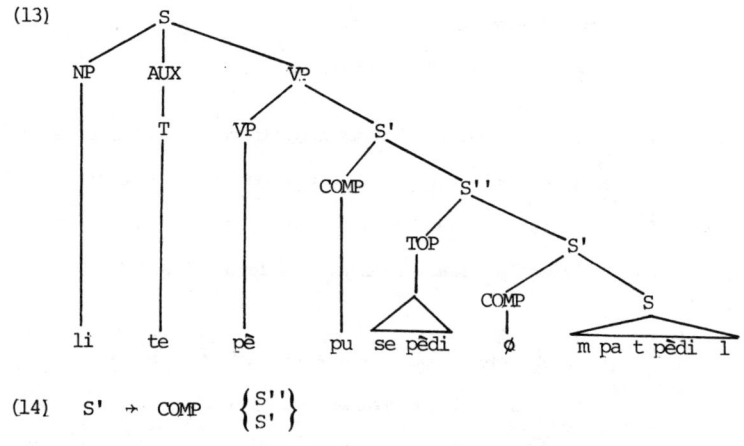

(14)  S' → COMP $\begin{Bmatrix} S'' \\ S' \end{Bmatrix}$

La règle (14) permet de rendre compte de certaines phrases anglaises
comportant une dislocation. Appartient-elle aussi à la grammaire de
l'haïtien? Nous devons, avant d'y répondre, faire remarquer que les
verbes qui permettent une telle structure forment une sous-classe très
restreinte en haïtien : nous n'avons pu en trouver que deux : *pè* et *swete*.
La grande majorité des verbes fonctionnent comme *vle* et *di*, pour ne nommer que ceux-là. Leur fonctionnement est illustré en (15) et (16) :

(15) a. * li vle    [pu  [se   ekri  [mari ekri  žã] ] ]
         il vouloir pour c'est écrire Marie écrire Jean

   b. * mari di    [pu  [se   vini  [m  vin   žwèn   ni] ] ]
        Marie dire pour c'est venir je venir rejoindre elle

(16) a. m swete    pu   se    *pati*  mari  *pati*
        je souhaiter pour c'est partir Marie partir

        'Je souhaite que Marie *parte*.'

b. m swete se *pati* pu mari *pati*
   je souhaiter c'est partir pour Marie partir

   'Je souhaite que Marie *parte*.'

c. m swete pu mari pati

   'Je souhaite que Marie parte.'

Ainsi que nous l'a fait remarqué Koopman (communication personnelle), il est fort probable que *pu*, postposé à des verbes du type de *pè*, soit la préposition *pu* et non le complémenteur *pu*. C'est en effet ce que nous constatons en clivant *pu* avec la phrase qui le suit dans (17b) :

(17) a. li te pè [pu [mari pa t wè l ] ]
     il TNS peur  pour Marie NEG TNS voir lui

   'Il avait peur que Marie ne le voit.'

b. [se [pu [mari pa t wè l ] ] ] li te pè e
   c'est pour Marie NEG TNS voir lui   il TNS peur

   'Ce dont il avait peur c'est que Marie ne le voit pas.'

On peut aussi questionner *pu* avec la phrase qui le suit :

(18) [pu kisa] li te pè e
     pour quoi  il TNS peur

   'Pourquoi avait-il peur?'

Tenant compte de ces faits nous proposons pour les phrases où le complément d'un verbe du type de *pè* est construit avec *pu* de les générer sous le noeud PP. Et c'est sous ce noeud que le S'' contenant le prédicat clivé va être généré. La représentation arborescente de la phrase (12) sera donc (19b) et non (19a) (= 13).

(19)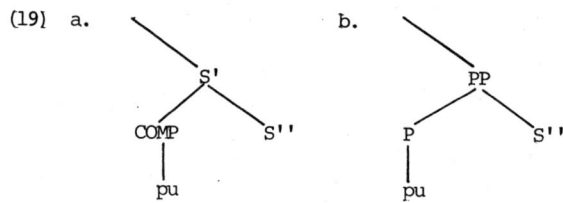

Passons maintenant à l'étude des propriétés du clivage du prédicat à la lumière des caractéristiques générales de Mouvement *wh*. Nous verrons, ainsi qu'il a été précisé au début de cette section, que le clivage du prédicat rencontre les critères établis pour diagnostiquer la règle de Mouvement de *wh*.

## 1.2 Clivage du prédicat et Mouvement *wh*

Nous reprenons ci-dessous les critères diagnostiques de la règle de Mouvement *wh* tels que présentés par Chomsky (1977) :

"i. it leaves a gap;

ii. where there is a bridge, i.e. where it applies across S-boundaries, there is an apparent violation of Subjacency, the Propositional Island Constraint and the Specified Subject Constraint;

iii. it observes the Complex Noun Phrase Constraint;

iv. it observes the Wh-Island Constraint."

Ces critères vont être considérés à tour de rôle.

Comme le montrent les exemples ci-dessous et comme nous l'avons déjà remarqué, le prédicat clivé ne laisse pas de catégorie vide, puisque le verbe clivé est aussi phonétiquement réalisé dans S :

(20) a. $_S[$li kwè $_{S'}[_S[$yo di $_{S''}[$se *malad*
$_S[_{S'}[_S[$li *malad*$]_S]_{S'}]_S]_{S''}]_{S'}]_S$

b. $_S[$li kwè $_{S''}[$se *malad* $_{S'}[_S[$yo di
$_{S'}[_S[$li *malad*$]_S]_{S'}]_S]_{S'}]_{S''}]_S$

c. $_{S''}[$se *malad* $_{S'}[_S[$li kwè $_{S'}[_S[$yo di
$_{S'}[_S[$li *malad*$]_S]_{S'}]_S]_{S'}]_S]_{S'}]_{S''}$

'Il croit qu'ils ont dit qu'il est *malade*.'

(21) a. $_S[$li di $_{S'}[_S[$li vle $_{S''}[$se *ale* $_{S'}[$pu
$_S[$žã *ale* avè l$]_S]_{S'}]_{S''}]_S]_{S'}]_S$

b. $_S[$li di $_{S''}[$se *ale* $_{S'}[_S[$li vle $_{S'}[$pu
$_S[$žã *ale* avè l$]_S]_{S'}]_S]_{S'}]_{S''}]_S$

c. $_{S''}[$se *ale* $_{S'}[_S[$li di $_{S'}[_S[$li vle $_{S'}[$pu
$_S[$žã *ale* avè l$]_S]_{S'}]_S]_{S'}]_S]_{S'}]_{S''}$

'Il dit qu'il veut que Jean aille avec lui.'

On voit que là où il est possible d'avoir S'' (complément ou non) il est aussi possible d'avoir le prédicat clivé, cependant que dans S, ne s'efface jamais le prédicat identique à celui généré dans S''. Donc, par rapport à ce critère, le prédicat clivé se distingue des NP et PP clivés ainsi que des questions, pour lesquelles Koopman (ce volume b) argumente qu'elles sont des S'', qui, toutes, laissent une catégorie vide dans S tel qu'illustré par les phrases de (22).

(22) a. $_{S''}[$ (se) ki mun $_{S'}[$ki $_S[e$ küit mãže a$]_S]_{S'}]_{S''}$

'Qui a préparé le repas?'

b. $_{S''}[$se mari $_{S'}[$ki $_S[e$ küit mãže a$]_S]_{S'}]_{S''}$

'C'est Marie qui a préparé le repas.'

c. $_{S''}[$se $_{PP}[$ak mari$]_{PP}$ $_{S'}[_S[$pòl pral marye $e]_S]_{S'}]_{S''}$

'C'est avec Marie que Paul va se marier.'

Nous reviendrons vers la fin de cette section sur les questions soulevées par la violation de ce critère.

Le critère (ii) n'est pas violé. En effet, si on regarde les exemples (20) et (21), où le prédicat clivé est séparé de S par au moins un noeud S', ils représentent des cas de violation apparente de la Sous-jacence. Mais, c'est la présence des verbes "à pont" tels que *kwẽ* et *di* qui permettent le clivage dans ces phrases. Ce qui n'est pas permis avec les verbes du type de *šišote* 'murmurer, chuchoter'. Ainsi, (23) :

(23) a. *$_{S''}[$se  *rẽmẽ*  $_S[$mari ap šišote  $_{S'}[_S[$u *rẽmẽ* 1$]_S]_{S'}]_S]_{S''}$
        c'est aimer  Marie ASP murmurer       tu aimer

b. *$_{S''}[$ki    mun    $_S[$mari ap šišote  $_{S'}[$ki rẽmẽ 1$]_{S'}]_S]_{S''}$
       quelle personne  Marie ASP murmurer        aimer elle

L'agrammaticalité de (23) s'explique par le fait que *šišote* n'est pas un verbe "à pont" : il ne permet pas aux éléments de la phrase qui le complémente d'être questionnés ou clivés. *šišote* ne sous-catégorise donc pas un complément S'' comme *kwẽ*, *di* ou *kõprãn*. Soient, avec ce dernier verbe, les exemples suivants :

(24) a. $_S$[m te kõprãn $_{S'}$[u te di m $_{S''}$[se pati $_S$[žak te pati]$_{S'}$]$_{S''}$]$_{S'}$]$_S$

b. $_S$[m te kõprãn $_{S'}$[se pati $_S$[u te di m $_{S''}$[žak te pati]$_{S'}$]$_S$]$_{S'}$]$_S$

c. $_{S''}$[se pati $_S$[m te kõprãn $_{S'}$[u te di m $_{S''}$[žak te pati]$_{S'}$]$_S$]$_{S'}$]$_S$

'J'avais compris que tu m'avais dit que Jacques était *parti*.'

Sur le plan sémantique, il n'y a pas à proprement parler de différence significative entre ces phrases. On peut seulement noter que plus le verbe clivé est éloigné de son S, plus l'effet d'emphase est grand. Ainsi, le deuxième critère diagnostique pour Mouvement *wh* est satisfait par le clivage du prédicat.

Le troisième critère, i.e., la non violation de la contrainte des NP complexes, est aussi respecté. L'agrammaticalité des exemples suivants en témoigne :

(25) a. *$_{S''}$[se  vãn  $_{NP}$[madãm $_S$[ki $_S$[te kõn  vãn
         c'est vendre    femme     qui   TNS savoir vendre
         mwe akasã  ã] $_S$]$_S$, muri]$_{NP}$]$_{S''}$
         moi akassan DET         mourir

b. *$_{S''}$[se  *kraze*  $_S$[y  ap  rebati     $_{NP}$[kay
         c'est détruire    ils ASP reconstruire     maison
         $_S$[ki $_S$[te *kraze*  nã  tãpêt  la]$_S$]$_{S'}$]$_{NP}$]$_S$]$_{S''}$
             qui   TNS détruire  dans tempête DET

Le dernier critère, la non-violation de la contrainte de l'îlot *wh* est aussi observé; la présence d'un élément *wh* dans S'' bloque le clivage du prédicat. Soit (26) :

(26) a. *se   *kwit*  m  ap  mãde    m  ki    sa      pu   m  *kwit*
        c'est cuire  je ASP demander me quelle chose  pour je  cuire

    b. *se   *malad*  m  ap  mãde    m  kilès ki  *malad* žodi
        c'est malade je ASP demander me qui       malade  aujourd'hui

                                        a
                                        DET

Comme on a pu le voir, seul le critère (i) n'est pas respecté par le clivage du prédicat. Et, selon Chomsky, il est avec le critère (ii) fondamental au diagnostic de la règle Mouvement *wh*. Pourtant, le fait qu'il n'y ait pas de trou, qu'il ne soit pas possible de questionner un élément dans une phrase où un prédicat a été clivé est un argument non négligeable pour dire que, non seulement le verbe clivé n'est pas différent des autres éléments clivés, mais aussi que S'' ne peut être rempli par des éléments appartenant à des catégories syntaxiques distinctes. Les exemples suivants illustrent cette remarque :

(27) a. *<sub>TOP</sub>[se   ki     mun      wè]<sub>TOP</sub> ki e pa wè   li    la
            c'est quelle personne voir        qui e NEG voir livre DET

    b. *[se   mari  wè] e pa wè   liv   la
         c'est Marie voir e NEG voir livre DET

    c. *[se   kisa        wè]  mari pa wè   e
         c'est quelle chose voir e  Marie NEG voir

    d. *[se   ak  põl  *vini*] mari ap *vini*  e
         c'est avec Paul venir Marie ASP venir  e

Donc, parallèlement au fait que les prédicats, NP et PP clivés (17b) à (17d) sont mutuellement exclusifs, le questionnement d'un élément et le clivage du prédicat sont aussi en distribution complémentaire (17a). Il est donc clair, qu'en haïtien, ces différentes constructions appartiennent toutes à la même classe de faits. De plus, en montrant que trois critères sont respectés par le clivage du prédicat nous avons établi que ce type de phrases était analysable par la règle de Mouvement $wh$. En ce qui a trait au seul critère qui n'a pas été respecté par le clivage du prédicat (celui stipulant qu'une catégorie est vide dans S) il appert que, selon nos données, ce critère (i) n'est pas aussi fondamental que le propose Chomsky pour le diagnostic de Mouvement $wh$. Aussi, les effets de ce critère doivent-ils être considérés ailleurs dans la grammaire. Une analyse de ces faits reste à être faite.

## 2. DU CLIVAGE DE CERTAINS ÉLÉMENTS

Après avoir montré la structure et le fonctionnement du prédicat clivé, nous nous penchons maintenant sur les particules susceptibles de le précéder ainsi que sur les types de verbes et de VP qui peuvent être clivés.

Nous parlerons donc, dans cette section, des particules de AUX et de NEG relativement au clivage du prédicat, nous examinerons ensuite les modaux et les VP "complexes".

### 2.1 Les particules de AUX et le prédicat clivé

Il est intéressant d'observer que les particules de AUX (celles générées sous TENSE, MOOD, et ASPECT)[3] ne peuvent figurer sous TOP avec le prédicat clivé. Or, devant un verbe à temps fini, dans S, AUX est toujours présent et rempli au moins par les particules de temps ($t(e)$ pour le passé et ∅ pour le non-passé). Les exemples en (28) témoignent de cette incompatibilité :

(28) a. *se  te  šire     siltana (te) šire     rad  la
         c'est TNS déchirer Siltana TNS déchirer robe DET

   b. *se  t  a  dɔ̃mi  mari (t a) dɔ̃mi
         c'est TNS MO dormir Marie TNS MO dormir

   c. *se  ap rele   mãmã u  (ap) rele   u
         c'est ASP appeler maman toi ASP appeler toi

   d. *se  pu vini  lapli a (pu) vini
         c'est MO venir pluie DET MO venir

   e. *se  te  byẽ   l  (te) byẽ
         c'est TNS heureux il TNS heureux

Ainsi, sous TOP les particules de AUX sont interdites ce qui implique que AUX n'est pas une catégorie pouvant être générée dans cette position, contrairement à NEG, dont nous allons étudier le comportement ci-dessous.

## 2.2 La particule de négation *pa*

La particule de négation *pa* précède en général le verbe en haïtien. Soit l'exemple suivant :

(29) mari pa t mãže
     Marie NEG TNS manger

   'Marie n'avait pas mangé.'

La particule de négation *pa*, dans le clivage du prédicat peut se placer devant le prédicat clivé, dans S'' et/ou devant le verbe dans S. Soit (30) :

(30) a. se  pa *rẽmẽ* mari *rẽmẽ* nuyɔk
        c'est NEG aimer Marie aimer New York

   'Ce n'est pas que Marie *aime* New York.'

b. se *travay* mari pa vle *travay*
      c'est travailler Marie NEG vouloir travailler

   'Marie ne veut pas *travailler*.'

   c. se pa *etidye* mari pa *etidye* lesõ ã
      c'est NEG étudier Marie NEG étudier leçon DET

   'Ce n'est pas que Marie n'ait pas *étudié* la leçon.'

Les phrases (30a) et (30c), contrairement à la phrase (30b), ne sont pas sémantiquement et syntaxiquement indépendantes. Elles peuvent être explicitées par le contexte ou en les faisant suivre d'une coordonnée introduite par mais (*mẽ*) : *se pa etidye mari pa etidye lesõ ã, mẽ l pa kõnẽ l.* ('Ce n'est pas que Marie n'ait pas étudié la leçon, mais elle ne la connaît pas'). Cette différence entre (30a) et (30c) d'une part et (30b) d'autre part est due à la présence de la négation devant la copie. On peut donc dire que, placée dans S'', la négation affecte la phrase autrement que quand située au niveau de S. On peut aussi remarquer que les constructions comportant la particule *pa* sous TOP ne peuvent être enchâssées. Ainsi (31) :

   (31) a. *m kwè se pa *rẽmẽ* mari pa *rẽmẽ* nuyòk
            je croire c'est NEG aimer Marie NEG aimer New York

        b. *m kwè se pa *etidye* mari pa *etidye* lesõ ã
            je croire c'est NEG étudier Marie NEG étudier leçon DET

L'agrammaticalité disparaît dès qu'on efface la particule de négation devant le verbe clivé. Soit parallèlement à (31), (32) :

   (32) a. m kwè se *rẽmẽ* mari *rẽmẽ* nuyòk

        'Je crois que Marie *aime* New York.'

b. m kwɛ̀ se *etidye* mari pa *etidye* lesõ ã

'Je crois que Marie n'a pas *étudié* la leçon.'

Et, comme on s'y attendait, NEG peut cooccurrer dans une phrase complexe au niveau le plus haut (dans la phrase matrice) et au niveau le plus enchâssé. Ainsi, (33) :

(33) m pa kwɛ̀ se rẽmẽ mari pa rẽmẽ nuyòk
 je NEG croire c'est aimer Marie NEG aimer New York

'Je ne crois pas que Marie n'*aime* pas New York.'

Il découle de ces observations que c'est la position occuppée par S'' qui favorise ou contraint l'emploi de NEG sous TOP. Ainsi, si TOP est dans une phrase enchâssée NEG y est exclu, c'est alors devant le verbe dans S, qu'on le trouve. Considérons les structures suivantes :

(35) a.

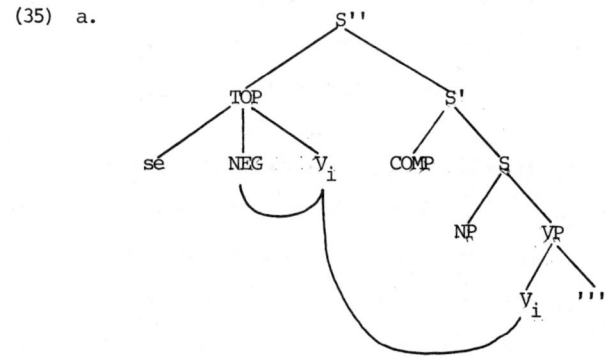

b.

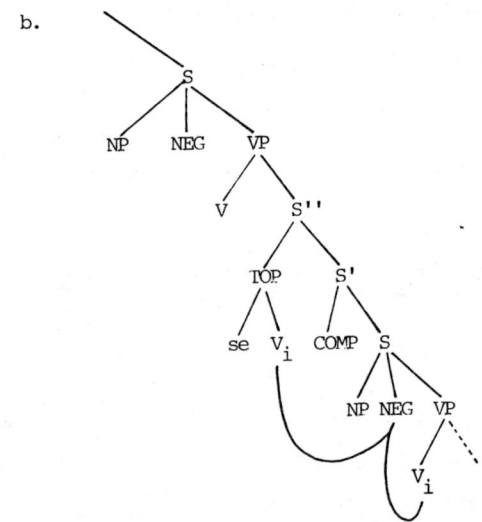

La structure (34a) renvoie à l'exemple (30a) où NEG est sous TOP. (34b) correspond aux phrases de (32) où NEG est dans S, devant le verbe et absent de TOP. Dans une telle configuration, (34b), TOP ne peut recevoir NEG, d'où, d'ailleurs, l'agrammaticalité de (31a) et (31c).

Ces faits nous permettent de déduire que la présence de NEG sous TOP est fonction de la position occupée par ce dernier. Pour le moment, nous n'avons pas d'explication pour ces faits. Qu'on nous permette toutefois de faire un rapprochement d'ordre sémantique entre le degré d'emphase plus important noté, quand le verbe clivé est en début de phrase, sous TOP (cf. (33)), et la remarque que nous venons de faire par rapport à NEG. Il semble que là où l'emphase est plus forte, là aussi se trouve NEG. Par contre, en position enchâssée, où l'emphase est plus faible, il est interdit d'y générer NEG.

## 2.3 Les modaux

En haïtien, particules verbales et modaux (voir Sylvain (1936), Faine (1937) et Magloire-Holly (ce volume)) se combinent pour infléchir le sens du verbe principal. Nous avons en (35) quelques-uns de ces faits.

(35) a. nèg saa ka fèk sot fin mãže
    homme cet pouvoir juste sortir finir manger

    'Il se pourrait que cet homme ait juste fini de manger.'

b. li do fin travay
    il doit finir travailler

    'Il doit avoir fini de travailler.'

c. mari te mèt li liv saa
    Marie TNS pouvoir lire livre DET

    'Marie pouvait bien lire ce livre.'

*Fin* 'finir', *fèk* 'venir juste de', *sot* 'venir de', doivent être pris comme des semi-auxiliaires. *Do* 'devoir' (variante de *dwe*), *mèt* 'pouvoir/être autorisé à' et *ka* 'pouvoir/être capable de' forment la catégorie de verbes qu'il est convenu d'appeler modaux. Généralement, les modaux, pas plus que les particules verbales, ne subissent le clivage du prédicat. Soit (36) :

(36) a. se *mãže* neg sa: sot *mãže*
    c'est manger homme cet venir manger

    'Cet homme vient de *manger*.'

b. se *travay* li do fin *travay*
    c'est travailler il devoir finir travailler

    'Il doit avoir fini de *travailler*.'

Le clivage de *li* 'lire' est cependant impossible à partir de (35c) où *mèt* 'pouvoir' est dans S :

(37) *se  *li*  mari te  mèt   fin  *li*  liv  la
     c'est lire Marie TNS pouvoir finir lire livre DET

L'emploi de *ka* dans S produit le même effet. Ainsi (38) :

(38) a. *se  *pati*  mari ka    *pati*
        c'est partir Marie pouvoir partir

   b. *se  *šire*  li ka    *šire*  rad  mwẽ ã
        c'est déchirer il pouvoir déchirer robe moi DET

L'agrammaticalité de (37) et (38) est à opposer avec la grammaticalité de (36b) où le modal *do* est présent. *Do* se distingue à nouveau de *mèt* et *ka* par sa compatibilité avec le verbe clivé, ce qui est illustré dans (39) :[4]

(39) a. *se  *ka*   *mãže*  nèg  saa *ka*   *mãže*
        c'est pouvoir manger homme cet pouvoir manger

   b. *se  *mèt*  *fin*  *li* mari *mèt*  *fin*  *li*
        c'est pouvoir finir lire Marie pouvoir finir lire

   c.  se  *do*   *desã*   larivyè a  *do*   *desã*
       c'est devoir descendre rivière DET devoir descendre

       'La rivière est peut-être *en crue*.'

Plus significatif encore est le fait que *do*, totalement absent de S, apparaît seulement avec la copie. *Ka* suit le même pattern. Soit (40) :

(40) a. se  do    *malad* pitit la *malad*
        c'est devoir malade enfant DET malade

       'L'enfant est peut-être *malade*.'

    b. se    ka    *vini*  li *vini*
       c'est pouvoir venir il venir

      'Il est peut-être *venu*.'

    c.*se   mèt    *pati*  li *pati*
       c'est pouvoir partir il partir

Dans (40) les modaux *ka* et *do* ne sont présents que devant le verbe **clivé**. Seul *mèt* est refusé dans ce type de phrases. Par rapport à la théorie des traces, on peut affirmer que dans un tel contexte il ne saurait y en avoir puisque le sens de la phrase ne le laisse pas supposer. Mais nous intéresse surtout le fait que dans cette même structure nous pouvons, à la place du prédicat mettre un NP (41a) et (41b) ou un PP (41c) et obtenir des phrases grammaticales :

   (41) a. [ se    do     siltana [ki bale  šãm    nã] ]
            c'est peut-être Siltana qui balayer chambreDET

       'C'est peut-être Siltana qui a balayé la chambre.'

      b. [ se    ka     šãm   nã [siltana bale ] ]
            c'est peut-être chambre DET Siltana balayer

       'C'est peut-être la chambre que Siltana a balayée.'

      c. [ se    do     ak   žedeyõ [mari ap pale ] ]
            c'est peut-être avec Gédéon Marie ASP parler

       'C'est peut-être avec Gédéon que Marie parle.'

Dans un tel environnement se dégage le caractère adverbial plutôt que verbal de *ka* et *do*. Caractère qui se précise encore plus avec l'exemple suivant où ils sont distributionnellement équivalents à l'adverbe *tužu* 'toujours' :

(42) a. se {tužu / ka / do}   siltina ki bale šãm nã

'C'est {toujours / peut-être / peut-être} Sitina qui balaie la chambre.'

b. se {tužu / ka / do} tãn li tãn ni

'Elle l'étend toujours.'

'Elle l'a peut-être étendu.'

Il nous paraît clair que, généré dans S'', sous TOP plus précisément, $ka$ et $do$ sont des adverbes du type de toujours et non des modaux.

Il s'agit maintenant de comprendre pourquoi, devant le prédicat dans S, les modaux ne se comportent pas tous de la même façon. La structure suivante résume ce qui a été dit précédemment à ce propos.

(43) $_{S''}[ \ldots \text{Prédicat}_i \,_{S'}[ \,_S[ \ldots \{*\{\text{mèt}\} / \{ka\} / do\} \text{ Prédicat}_i ]_S]_{S'}]_{S''}$

où l'astérisque devant $mèt$ et $ka$ indique que le clivage du prédicat est agrammatical quand ces éléments sont présents.

Magloire-Holly (ce volume) note une asymétrie entre $mèt$ et $ka$ d'une part, et $do$ d'autre part, sur le plan sémantique, asymétrie qu'elle explique en termes de valeur 'déontique' $vs$ valeur 'épistémique'. Ainsi, $ka$ et $mèt$ (épistémique) sont des éléments ambigus : sémantiquement ils sont interprétés dans AUX alors que syntaxiquement ils osnt des verbes engendrés sous le noeud VP. $Do$, cependant, se comporte toujours comme

un constituant du VP. En ce qui a trait à notre description, il semble
en effet que *do*, à l'instar de *vle* 'vouloir', *kwè* 'croire', etc. soit un
verbe plein et en tant que tel il permet au prédicat, son complément,
d'être clivé. Une question demeure cependant : pourquoi *do*, VP au sens
plein du terme, ne peut-il être clivé, comme on le voit en (44)?

    (44) *se    *do*    pòl  *do*    vini
         c'est devoir Paul devoir venir

D'autre part, postuler que l'agrammaticalité des phrases de ce type avec
*mèt* et *ka* est d'ordre sémantique, et donc comparable au comportement des
constituants de AUX, ce serait se méprendre puisque ces derniers peuvent
être générés devant le prédicat dans S. Soit (45) :

    (45) a. se    *gẽyẽ*    li te  *gẽyẽ*    nã    lotri
           c'est gagner il TNS gagner dans loterie

         'Il avait gagné à la loterie.'

       b. se    *muri*    pòl  ap  *muri*
          c'est mourir Paul ASP mourir

         'Paul est en train de mourir.'

Dans (45) *te* (TENSE) et *ap* (ASPECT), morphèmes de AUX, ne bloquent pas
le clivage respectif de *gẽyẽ* 'gagner' et *muri* 'mourir'. Ainsi, différents
des verbes générés dans VP, *mèt* et *ka* sont aussi différents des éléments
de AUX. La question qui dès lors se pose est évidemment la suivante :
à quelle catégorie les rattacher? En utilisant encore une fois l'adverbe *tužu* 'toujours' nous constatons ce qui suit :

(46) a. *se  *mete*  mari  { tužu / mèt / ka }  *mete*  rad saa
       c'est mettre Marie { toujours / peut-être / peut-être } mettre robe cette

   b. *se  *vle*  mari  { tužu / mèt / ka }  *vle*  bat  mwẽ
       c'est vouloir Marie { toujours / peut-être / peut-être } vouloir battre me

En fait, les adverbes, qu'ils précèdent ou suivent le prédicat, ne sont pas dans l'ensemble favorables au clivage du prédicat. C'est ce que montre (47) où les adverbes *ãpil* 'beaucoup' et *byẽ* 'bien' sont insérés :

(47) a. *se  *mãže*  mari  *mãže*  ãpil
        c'est manger Marie manger beaucoup

   b. *se  *dòmi*  mari  *dòmi*  byẽ
        c'est dormir Marie dormir bien

On ne retrouve pas ce comportement avec un adverbe tel que *tròp* 'trop' cependant :

(47) c. se  *pale*  ou *pale*  tròp
        c'est parler tu parler trop

   'Tu *parles* trop.'

On ne peut donc nier le fait que le comportement de *mèt* et *ka* est similaire à celui des adverbes du type de *tužu* 'toujours', *ãpil* 'beaucoup' et *byẽ* 'bien' par rapport au clivage du prédicat. Sont-ils pour autant intrinsèquement (dans tous les contextes donc) des adverbes? Cette question dépasse le cadre de cet article. Réponse devra y être apportée cependant. Pour le moment, retenons simplement que, contrairement aux éléments allant sous VP ou AUX, ils sont incompatibles avec le clivage du prédicat.

Il nous reste à décrire les constructions comportant un VP "complexe" et un prédicat clivé. Nous ne nous attendons pas à ce que ce type de VP présente des différences marquantes comparativement aux VP simples. Cependant, cela nous permettra de jeter un peu de lumière sur ce type de constructions, non encore étudiées, de l'haïtien.

## 2.4 Les VP "complexes"

Sont regroupés sous cette expression les VP ayant une structure telle que la suivante : $_{VP}[\ V^1\ NP\ V^2\ (SP)\ ]_{VP}$. C'est en fait la structure des verbes dits sériels.[5] Comme on pouvait s'y attendre, le premier V ($V^1$) peut subir le clivage. Soient les exemples suivants (les VP complexes sont entre crochets) :

(48) a. se  *pote*   mari  [*pote*   rad  la  ale ]
       c'est apporter Marie  apporter robe DET aller

   'Marie a *apporté* la robe.'

   (dans le sens : de ce lieu-ci vers ce lieu-là)

b. se  *mẽnẽ*  žak   [ *mẽnẽ*  mari  tunẽ]
   c'est amener Jacques  amener Marie retourner

c. se  *voye*  nu  [*voye*  lažã  ba  mãmã  n ]
   c'est envoyer nous envoyer argent donner maman notre

   'Nous avons *envoyé* de l'argent à notre mère.'

En général, le deuxième verbe peut aussi subir le clivage.[6] Soit (49) :

(49) a. se  *ale*  l  pot(e)  rad  la  *ale*[7]
     c'est aller il apporter robe    aller

   'Elle a *apporté* la robe.'

b. se  *tunẽ*  m  mẽnẽ  mari  *tunẽ*
   c'est retourner je amener Marie retourner

   'J'ai *ramené* Marie.'

c.*se  *ba(y)*  nu  *ba(y)*  lažã  mãmã  n
   c'est donner nous donner argent maman notre

Comme le montre (49c) le fait de cliver *ba(y)* 'donner' cause l'agrammaticalité de cette phrase. Ceci n'est cependant pas dû à la construction sérielle car, comme l'illustre (50), même dans un SV non complexe *ba(y)* ne peut être focalisé :

(50) se  *bay*  põl  *ba(y)*  liv  la
     c'est donner Paul donner livre DET

   'Paul a *donné* le livre à Marie.'

Cependant sans le datif *mari*, (50) perd son agrammaticalité. Soit (51) :

(51) se  *bay*  põl  *ba(y)*  liv  la
     c'est donner Paul donner livre DET

   'Paul a *donné* le livre.'

Tout porte à croire que, suivi d'un objet indirect, *ba* ne fonctionne plus comme un verbe, mais comme une préposition. L'exemple suivant, où *ba* est clivé avec le nom qui le suit en laissant vide leur position dans S, justifie notre remarque :

(52) se ba(y) mãmã n $_S$[nu voye lažã e ]$_S$
　　 c'est à mère notre  nous envoyer argent

*Ba(y)* est le seul verbe qui, à notre connaissance, est en voie d'être réanalysé en préposition en haïtien.[8] C'est ce qui explique pourquoi, selon nous, dans un contexte où il peut être analysé comme préposition (devant datif), son clivage (cf. (49c) et (50)) produit les résultats indiqués. Revenons au clivage du verbe sériel ($V^2$).

La position enchâssée, un verbe sériel (nous excluons évidemment *ba(y)* ici) peut subir le clivage. C'est ce que montre (53) :

(53) a. se *pote* $_S$'[$_S$[mari di m $_S$'[$_S$[l ap *pote* l vini]$_S$]$_S$']$_S$]$_S$'

　　　'Marie m'a dit qu'elle l'*apportera*.'

　　　(de ce lieu-là vers ce lieu-ci)

　　b. se *mẽnẽ* $_S$'[$_S$[põl kuri $_S$'[$_S$[*mẽnẽ* l ale]$_S$]$_S$']$_S$]$_S$'

　　　'Paul l'a *ramené*.'

　　　(de ce lieu-ci vers ce lieu-là)

　　c. se *vini* $_S$'[$_S$[mari di m $_S$'[$_S$[l ap pote l *vini*]$_S$]$_S$']$_S$]$_S$'

　　d. se *ale* $_S$'[$_S$[põl kuri $_S$'[$_S$[mẽnẽ l *ale*]$_S$]$_S$']$_S$]$_S$'

Si nous rendons compte des constructions sérielles (VP complexes) par une structure telle que (54a)[9] plutôt que (54b) :

(54) a.

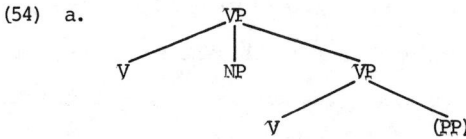

b.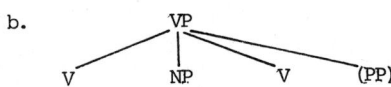

nous sous-entendrons par le fait même que la règle de réécriture de VP en haïtien ressemble à (55a) plutôt qu'à (55b) :

(55) a. VP → V (NP) (VP)
     b. VP → V (NP) (V) (PP)

La structure (54a) est, à notre avis, plus généralisante donc préférable à (54b). En effet, il nous est plus facile, à partir de cette structure, d'expliquer un phénomène aussi intéressant que la réanalyse du verbe *ba(y)* en préposition. Nous dirons donc dans ce cas que c'est le deuxième noeud VP qui a été réanalysé en PP, ceci est d'autant plus plausible qu'une règle d'expansion de VP telle (56) est indépendamment motivée. On ne peut rendre compte de ce fait aussi aisément à partir de la structure (54b). La règle suivante est proposée pour le VP en haïtien :

(56) VP → V (NP) $\left\{ \begin{array}{c} (VP) \\ (PP) \end{array} \right\}$ (S')

## 3. CONCLUSION

Nous avons, dans cet article, mis au jour différents aspects du clivage du prédicat en haïtien. Dans la section 1, on a pu voir que ce type de construction est similaire au clivage du NP ou du PP. Pour cette raison, nous avons proposé de les décrire par la même structure, i.e., de les générer sous S''. Nous avons vu aussi, que le clivage du prédicat à l'instar des autres clivées, respecte trois des quatre critères diagnostiques de Mouvement *wh* à l'exception du critère (i). Nous en avons conclu, comme nous le permettent nos données, que les effets de ce critère soient représentés ailleurs dans la grammaire. Dans la section 2, nous nous sommes attachés à décrire la composition des différents noeuds (TOP, COMP, VP) intervenant dans le clivage du prédicat. Ce parti pris descriptif nous a permis de mettre en lumière, entre autres, l'adverbialisation des verbes modaux dans certains contextes, la réanalyse en préposition d'un verbe tel que *ba(y)* dans les constructions sérielles et de proposer une règle de réécriture du VP qui montre que la grammaire de l'haïtien permet cette réanalyse.

## NOTES

\* Nous tenons à remercier particulièrement Claire Lefebvre qui nous a intéressée à faire ce travail. Ses commentaires nous ont été précieux. Nous remercions aussi Hilda Koopman pour ses judicieuses remarques.

1. Notre article portant exclusivement sur l'haïtien, le lecteur ne pourra y trouver des comparaisons avec d'autres langues, sur le plan syntaxique, qu'elles soient africaines ou "créoles". (Pour une discussion sur l'aspect idéologique de ce mot, voir Piou (1979).)

2. Le présentatif *se* 'c'est', (à distinguer de la copule *se* qui, d'ailleurs, n'est pas un verbe en haïtien ainsi que nous l'avons montré dans Piou (1981)) est facultatif en tête de phrase. Il est cependant toujours obligatoire en position enchâssée.

3. Pour une discussion sur cette configuration du noeud AUX, voir Muysken (1981).

4. Signalons que le clivage du prédicat n'affecte pas non plus deux verbes ou deux adjectifs prédicatifs à la fois. Par exemple :

   (i) \*se *vle     pati*  mari *vle     pati*
          c'est vouloir partir Marie vouloir partir

5.  On appelle verbe sériel le $V^2$ d'un VP comprenant généralement deux verbes, séparés ou non un NP complément et remplissant des fonctions grammaticales généralement non remplies par les verbes dans les langues indo-européennes, à savoir; le génitif, le datif, l'accusatif et le locatif. Ces constructions se rencontrent dans certaines langues africaines et aussi dans certains "créoles". Voir en particulier Huttar (1974), Lord (1975) et Jansen et al. (1978).

6.  Il est impossible de montrer dans la traduction française de ces phrases l'insistance traduite par le redoublement de l'un ou l'autre des verbes sériels. Nous rappelons que cette structure, tout comme celle du clivage du prédicat, n'a pas d'équivalent en français standard.

7.  Le verbe *pote* 'apporter', comme plusieurs autres, peut dans certains contextes perdre sa voyelle finale. Le verbe *ba* 'donner' peut varier en *bay*.

8.  La réanalyse des verbes sériels en préposition a été notée dans les langues du Niger-Congo par Givon (1975). Appliquant la démarche de Givon sur l'haïtien, Wingerd (1977) conclut que l'haïtien ne présente pas un tel changement. Les faits que nous venons de présenter par rapport à *ba* ont donc échappé à l'auteur.

9.  Jansen et al. (1978) proposent une structure similaire (VP récursif) pour les verbes sériels en sranan. Elle convient parfaitement à l'haïtien.

LE REDOUBLEMENT VERBAL*

NANIE PIOU

0. INTRODUCTION

En haïtien, le clivage du prédicat (voir Piou (ce volume a)) n'est pas le seul type de constructions où peut être observée la répétition d'un même verbe, dans deux positions distinctes. D'autres phrases présentent aussi ce schéma : certaines traduisant l'intensité d'une action (e.g., *tut dɔ̃mi m dɔ̃mi...* 'Malgré que j'aie dormi beaucoup...') d'autres, le moment d'une action (e.g., *sɔ̃ti l sɔ̃ti...* 'Dès qu'il sortira/sort/sortit...'). C'est ce deuxième type de phrases qui, ici, nous intéresse. Nous référerons à ce phénomène par le terme 'redoublement verbal'.

A l'inverse du clivage du prédicat, le redoublement verbal ne traduit aucune emphase mais, ainsi que nous venons de le dire, implique une relation dans le temps entre deux membres de phrases dont l'une est antérieure à l'autre. Les exemples de (1) en témoignent :

(1) a. wè l wè žãdam nã ap vini, li prã kuri
 voir il voir gendarme DET ASP venir, il commencer courir

 'Dès qu'il a vu le gendarme, il s'est enfui.'

b. limẽ l limẽ lãp lã papiyõ ã vole
 allumer il allumer lampe DET papillon DET envoler

 'Dès qu'il a allumé la lampe, le papillon s'est envolé.'

L'adjectif prédicatif est exclu de ce type de constructions :

c. *malad li malad, li revoke l
 malade il malade, elle révoquer lui

 'Dès qu'il est malade, elle le révoque.'

L'objectif de cet article est de rendre compte de ces constructions. Il sera montré que le redoublement verbal est distinct du clivage du prédicat (Piou (ce volume a)).

Nous adoptons le cadre théorique tel que décrit dans Chomsky (1977), ainsi que les règles de base de ce modèle, règles reproduites en (2) :

(2) S'' → TOP S'
 S' → COMP S

S'' est la position pour les éléments topicalisés et clivés; S' est le niveau du complémenteur (voir Koopman et Lefebvre (ce volume)).

Deux parties composent le présent texte. Dans la première nous discutons des différences d'ordre structural entre prédicats clivés et verbes redoublés, par rapport au présentatif se, aux différentes positions que, dans le clivage du prédicat, le verbe clivé peut occuper, par rapport aux particules de temps (TNS), de mode (MO) et d'aspect (ASP), et enfin par rapport à la particule de négation (NEG) *pa* 'pas'. Dans la deuxième partie nous argumentons en faveur d'une structure S' pour le redoublement verbal, laquelle contraste avec la structure S'' du clivage du prédicat.

## 1. VERBES CLIVÉS ET VERBES REDOUBLÉS

### 1.1 Le redoublement verbal et le présentatif *se*

Nous avons montré dans notre article sur les prédicats clivés (Piou (ce volume a)) qu'à l'instar des syntagmes nominaux (NP) et des syntagmes prépositionnels clivés (PP) le verbe clivé peut être précédé par le présentatif *se* 'c'est'. Les exemples qui suivent sont donnés pour mémoire :

(3) a. $_{TOP}$[ (se) *depale* ]$_{TOP}$  u  ap  *depale*
        c'est divaguer      tu ASP divaguer

'Tu *divagues*.'

b. $_{TOP}$[ (se) *pale* ]$_{TOP}$  li di  pu  m pa *pale*
        c'est parler     il dire pour je NEG parler

'Il a dit que je ne dois pas *parler*.'

Si avec le verbe clivé il est toujours possible d'employer le présentatif *se*, il n'en va pas ainsi avec le verbe redoublé. En effet, l'insertion de *se* dans ce type de phrases provoque leur agrammaticalité. C'est ce que montre (4).

(4) a. *se  *rive*  m *rive*,  m bẽyẽ
      c'est arriver je arrive, je baigner

    b. *se   *pati*   m   *pati*  , m ap voye šešè   u
       c'est partir je partir, je ASP envoyer chercher toi

Ces faits montrent de façon claire que par rapport au présentatif *se* le redoublement verbal est nettement distinct du clivage du prédicat. Opposition que nous pouvons schématiser comme suit :

   *[ (se)  V ]  (redoublement verbal)

   [ (se)  V ]  (clivage du prédicat)
      clivé

Voyons maintenant si le verbe redoublé peut être séparé de la phrase (S) à partir de laquelle il est copié.

## 1.2 Le redoublement verbal et les noeuds bornes

Le prédicat clivé peut être séparé du noeud S où se trouve le verbe non clivé, par plus d'un noeud borne (S'). Soit, pour mémoire, les exemples suivants :

(5)  a. li di mãmã 1 pa kwẽ   $_{TOP}$[ se *vini* ]$_{TOP}$  mari pa ap *vini*

     b. li di  $_{TOP}$[ se *vini* ]$_{TOP}$  mãmã 1 pa kwẽ mari pa ap *vini*

     c. $_{TOP}$[ se *vini* ]$_{TOP}$  li di mãmã 1 pa kwẽ mari pa ap *vini*

       'Elle dit qu'elle ne croit pas que Marie ne *viendra* pas.'

Ainsi que nous l'avons montré antérieurement (voir Piou (ce volume)), le fait de pouvoir générer le verbe clivé dans n'importe quel noeud S'' situé à gauche du noeud S comportant le verbe non clivé, ne signifie pas que la sous-jacence est violée, cela n'étant autorisé qu'avec les verbes à pont (e.g., *di* 'dire', *kwẽ* 'croire', etc.). On ne peut pas en dire autant du verbe redoublé dans la construction qui nous occupe : aucun noeud (S') ne peut séparer les deux verbes. C'est ce qu'illustrent les phrases de (6) :

(6) a. *soti ₛ,[m di ₛ,[vōlē a soti ]ₛ,]ₛ, tire su li
       sortir    je dire    voleur MO sortir    tirer sur lui

   b. *tŏbe ₛ,[m kwē ₛ,[lapli a tŏbe ]ₛ,]ₛ,
       tomber    je crois    pluie DET MO tomber
                             džŏdžõ ã a puse
                             champignon DET MO pousser

Nous ne pouvons donc établir aucun parallèle entre le redoublement verbal et le clivage du prédicat.

Nous poursuivons notre démonstration en considérant le comportement du verbe redoublé par rapport à NEG et aux morphèmes de AUX (ceux de temps, de mode et d'aspect).

## 1.3 Le redoublement verbal et la négation

Dans le clivage du prédicat, on s'en souvient, quand le noeud S'' qui comporte le verbe clivé n'est pas enchâssé, la particule de négation *pa* peut être insérée devant ce verbe, dans le cas contraire cette particule se place dans S, devant le verbe non clivé. Les exemples ci-dessous illustrent ces remarques :

(7) a. se pa *pale* m di u *pale*
       c'est NEG parler je dire toi parler

   'Je ne te dis pas de *parler*.'

b. li kwè [se *pale* [ u di l pa *pale* ] ]
   il croire c'est parler tu dire lui NEG parler

   'Il croit que tu lui as dit de ne pas *parler*.'

c. *li kwè [se pa *pale* [u di l *pale* ] ]
   il croire c'est NEG parler tu dire lui parler

L'agrammaticalité de (7c) est due au fait que *pa* est inséré dans un S'' enchâssé. Dans un tel contexte *pa* doit être dans S, ainsi que le montre (7b).

Encore une fois le redoublement verbal se distingue du clivage du prédicat : il n'accepte *pa* devant aucun des deux verbes. Soient (8) et (9) :

(8) a. *pa *di* m *di* l sa , li ale
       NEG dire je dire lui cela, il aller

   b. *pa *mõte* pri kafe *mõte*, m ap fè õ bõ kòb
      NEG monter prix café monter, je ASP faire un bon argent

(9) a. **di* m pa *di* l sa , li (pa) ale
       dire je NEG dire lui cela, il (NEG) aller

   b. **mõte* pri kafe pa *mõte*, m ap fè õ bõ kòb
      monter prix café NEG monter, je MO faire un bon argent

Dans ce type de constructions, c'est dans le deuxième membre de phrase que NEG peut être placé. Ainsi (10) :

(10) a. *di* m *di* l sa, li pa ale
        dire je dire lui cela, il NEG aller

   'Dès que je l'ai informé, il décida de ne pas y aller.'

   b. *mõte* pri kafe *mõte*, m pa ap travay ãkõ
      monter prix café monter, je NEG MO travailler encore

   'Dès que le prix du café montera, je ne travaillerai plus!'

Voyons maintenant ce qu'il en est des particules de AUX.

## 1.4 Le redoublement verbal et les particules de AUX

Aucune des particules de temps, de mode et d'aspect ne peut précéder le verbe dans S, quand le verbe est redoublé, fait qu'illustre (11) :

(11) a. *bwè $_S$[1 {ap/a/te} bwè remèd la]$_S$ , 1 geri
 boire il {ASP/MO/TNS} boire remède DET il guérir

b. *rive $_S$[žak {ap/a/te} rive ]$_S$ nuyõk , li
 arriver Jacques {ASP/MO/TNS} arriver New York, il

žwẽn travay
trouver travail

Comme pour la négation, c'est dans le deuxième membre de phrase qu'on peut employer les particules de AUX[1] :

(12) bwè 1 bwè remèd la, 1 {ap/a} geri
 boire il boire remède DET, il {MO/MO} guérir

'Dès qu'il boira le remède, il guérira.'

Cette incompatibilité du verbe et des particules verbales dans S, dans le redoublement verbal, ne se retrouve pas dans le clivage du prédicat, ainsi que le montre l'exemple ci-dessous :

(13)  se    mēnē  pōl  te   mēnē   mari   ale
      c'est amener Paul TNS  amener Marie  aller

      'Paul avait *ramené* Marie.'

Les faits qui précèdent, concernant NEG et AUX, montrent que dans ce type de redoublement aucun élément ne peut séparer le verbe de son sujet, sujet qui d'ailleurs ne peut non plus comporter une relative, comme l'illustre (14a) par opposition à (14b) :

(14) a. *vini  $_{NP}$[madām $_{S'}$[ki kõn  bale  laku a ] $_{S'}$ ]$_{NP}$
        venir    femme      qui savoir balayer cour DET

                        *vini* , u a peye l
                        vient, tu MO payer elle

     b. *vini* madām nã *vini* , u a peye l
        venir femme DET venir, tu MO payer elle

        'Dès que la femme viendra, tu la paieras.'

On a vu dans cette section que, dans le redoublement verbal, le verbe redoublé ne peut être précédé du présentatif *se* ou de la particule de négation *pa* alors que dans S (où le verbe est aussi présent) les particules de AUX sont exclues. On a aussi constaté que les deux verbes impliqués dans le redoublement ne peuvent être séparés l'un de l'autre par un noeud S'. Tous ces faits opposent radicalement les constructions impliquant le redoublement verbal et le clivage du prédicat. Nous faisons l'hypothèse que contrairement au clivage du prédicat pour lequel nous avons argumenté une structure S'' le redoublement verbal a une structure S'. C'est ce que nous allons tenter de montrer dans la partie qui suit.

## 2. LA POSITION DU VERBE REDOUBLÉ DANS LA PHRASE

### 2.1 Les complémenteurs *si*, *lè* et *ku*

Nous assumons que les éléments *si* 'si', *lè* 'quand' et *ku* 'dès que', 'aussitôt que' sont des complémenteurs puisqu'ils peuvent introduire une phrase enchâssée, ainsi que le montrent les exemples suivants :

(15) a. m ap mãde m $_{S'}[$si $_S[$mari pa deža pati$]_S]_{S'}$
 je ASP demander moi si Marie NEG déjà partir

 'Je me demande si Marie n'est pas déjà partie.'

 b. m pa kõnẽ $_{S'}[$lè $_S[$mari vini$]_S]_{S'}$
 je NEG savoir quand Marie venir

 'Je ne sais pas quand Marie est venue.'

 c. li ale $_{S'}[$ku $_S[$u di l sa$]_S]_{S'}$
 il aller aussitôt tu dire lui cela

 'Il est parti aussitôt que tu lui as dit cela.'

*Si*, *lè* et *ku* peuvent occuper la même position que le verbe redoublé dans le redoublement verbal. Ce fait est illustré dans les exemples suivants :

(16) a. {dòmi / ku / dormir / dès que} mari dòmi, žak met deyò
 Marie dormir Jacques partir

 'Dès que Marie s'est endormie, Jacques est parti.'

 b. {rive / lè / arriver / quand} u rive pòtoprès, u a al wè mari
 tu arriver Port-au-Prince tu MO aller voir Marie

 '{Dès que / Quand} tu seras à Port-au-Prince, tu iras voir Marie.'

c. {vini / si}  pōl vini, m prale
   {venir / si}  Paul venir, je partir

   '{Dès que / Si} Paul vient, je pars.'

Le verbe redoublé occupe donc la même position que les complémenteurs *si*, *lè* et *ku*; ceci est dû au fait que, tout comme ce verbe, ces éléments peuvent, en surface tout au moins, être en position initiale dans la construction. Cette remarque implique qu'avec un complémenteur du type de *pu* (introduisant en général des phrases complément) la distribution sera autre. C'est en effet ce que nous constatons dans la section qui suit.

## 2.2 Le redoublement verbal et le complémenteur *pu*

Pour des raisons d'ordre sémantique on ne peut employer indifféremment le verbe redoublé ou *pu* : *pu* ne traduit pas l'antériorité. C'est ce qui explique l'agrammaticalité des phrases de (17) :

(17) a. *li di {soti / pu} l soti, u fēmē pòt la
        il dire {sortir / pour} il sortir, tu fermer porte DET

     b. *m t a rēmē {vini / pu} žã vini, li žwēn u la
        je TNS MO aimer venir Jean venir, il trouver toi ici

Syntaxiquement, *pu* est aussi incompatible avec le verbe redoublé. Soit (18) :

(18) a. *li di pu *soti* l *soti*, u fèmè pòt la

b. *m ta rèmè pu *vini* žã *vini*, u pale avè l

Evidemment, *pu* peut introduire la phrase complément de *di*. Ainsi (19) :

(19) a. li di, *soti* l *soti*, {pu / pour} u fèmè pòt la

'Il veut que, dès qu'il sort, tu fermes la porte.'

b. m ta rèmè, *vini* žã *vini*, {pu / pour} u pale avè l

'J'aimerais que, dès que Jean vienne, tu lui parles.'

*Pu* (et la phrase complément) peut aussi se placer immédiatement après le verbe de la phrase racine : dans ce cas, le verbe redoublé suivi de sa phrase est totalement à droite. C'est ce qu'illustre (20) :

(20) a. li vle      pu    u    fèmè   pòt   la, *soti* l *soti*
       il vouloir pour toi fermer Porte DET

b. m ta rèmè pu pale avè žã, *vini* l *vini*

'J'aimerais que tu parles à Jean, aussitôt qu'il viendra.'

L'incompatibilité de *pu* avec le verbe redoublé ne signifie pas pour autant qu'un complémenteur ne peut précéder ou en suivre un autre, en haïtien. Dans certaines clivées (celles impliquant le NP sujet) par exemple, on trouve le complémenteur *ki* 'qui' (voir Koopman (ce volume b)), précédant le complémenteur *pu*, donnant ainsi une suite telle que :

[*se* NP *ki pu* $e_i$ VP]

Le problème qui se pose ici avec le verbe redoublé est différent. Dans (19) *pu* précède la phrase dont il est le complémenteur, ce qui est naturel. Mais dans (18), il précède le verbe redoublé et son S (suite ayant une valeur temporelle). A cause de cela, ces phrases sont agrammaticales.

En position non enchâssée, on rencontre aisément le verbe redoublé et son S en début de phrase, donc dominée par S. On peut aussi l'avoir en fin de phrase ou encore dans VP. Ces faits sont illustrés dans les structures suivantes (le verbe redoublé et son S vont, conformément à l'analyse que nous proposons, sous S) :

(21)

(22)

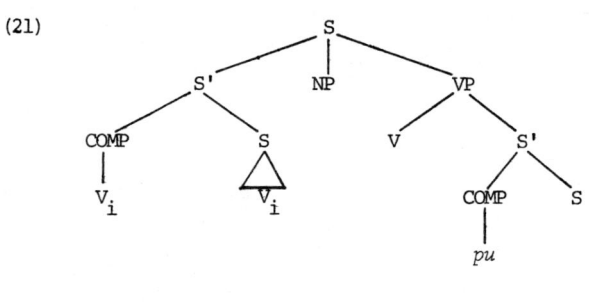

(23)

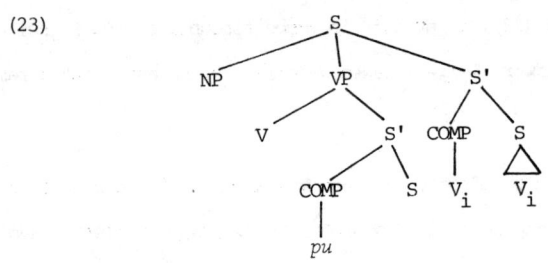

La structure (21) correspond aux phrases (12) et (13) entre autres. Les deux autres structures renvoient aux exemples (20) et (19) respectivement.

Si ces structures sont exactes, elles présupposent pour l'haïtien, l'existence d'une règle de base comme (24) :

(24)  S → (S') NP AUX VP (S')*

S' occupe en (24) une position d'adverbe. C'est ce que nous montrons dans la section qui suit.

## 2.3 Le redoublement verbal et certains adverbes

Les adverbes du type de *žodiya* 'aujourd'hui', *talè* 'bientôt', 'tout-à-l'heure', etc. peuvent être générés en début ou en fin de phrase. Soit (25) :

(25)  a. žodiya,    mari ap fin  rad mwẽ ã
         aujourd'hui, Marie ASP finir robe moi DET

         'Aujourd'hui, Marie termine ma robe.'

      b. mari ap fin rad mwẽ ã, žodiya

         'Marie termine ma robe, aujourd'hui.'

c. m prale, talɛ̃

   'Je m'en vais, bientôt.'

d. talɛ̃, m prale

   'Je m'en vais, bientôt.'

Fonctionnant comme les adverbes de ce type, la temporelle peut donc, comme eux, être générée dans S', en début ou en fin de phrase. La règle ci-dessous remplace celle de (24) :

(24)  S  →  {(Adv)}  NP  AUX  VP  {(Adv)}  *
            {(S') }                {(S') }

## 3. CONCLUSION

Nous avons montré, dans les pages qui précèdent, que malgré une certaine similarité structurale entre le clivage du prédicat et le redoublement verbal, il s'agit là de deux phénomènes distincts. Le redoublement verbal ne présente pas une structure S'' comme c'est le cas des prédicats clivés mais plutôt une structure S', dominée par S. Cette position, le redoublement verbal la partage avec des adverbes du type de *žodiya* 'aujourd'hui', *talɛ̃* 'bientôt', etc.

## NOTES

\* Nous remercions Claire Lefebvre pour ses commentaires sur une version préliminaire de cet article.

1. En ce qui concerne le temps de ces phrases, il faut donc se référer au contexte et au sens qu'elles traduisent pour savoir s'il s'agit d'un passé, d'un présent ou d'un futur.

LES CONSTRUCTIONS RELATIVES*

HILDA KOOPMAN

## 0. INTRODUCTION

Dans la présente étude, nous essayons de déterminer les caractéristiques des propositions relatives en haïtien.

### 0.1 Le problème

Dans "On *wh*-Movement" (Chomsky (1977)) Chomsky propose de dériver un certain nombre de constructions (telles que les questions *wh*, les relatives, les clivées, les comparatives, etc.) à l'aide de la règle de Mouvement de *wh*. Toutes ces constructions ont des propriétés communes découlant des contraintes et des propriétés de la règle de Mouvement de *wh*. Pour déterminer si la règle de Mouvement de *wh* est impliquée dans une dérivation, Chomsky (1977:86) propose les critères suivants :

(1) a. Il y a une catégorie vide dans la phrase.

b. S'il y a un pont, il y a violation apparente de la Sous-jacence, de la contrainte de l'Ilôt propositionnel ('Propositional Island Constraint') et de la contrainte du Sujet spécifié ('Specified Subject Condition').
c. La contrainte du NP complexe ('Complex Noun Phrase Constraint') est observée.
d. Les contraintes des Ilôts *wh* ('*wh*-Island Conditions') sont observées.

En d'autres termes, des données conformes à (1) peuvent être expliquées par la règle de Mouvement de *wh*, en conjonction avec une (ou des) règle(s) d'effacement dans COMP. Un des traits les plus importants de cette théorie est la contrainte de Cyclicité successive sur l'application des règles. Cette contrainte a pour effet de limiter l'application des règles à des domaines restreints, tels que S' (ou S), et NP. Ceci revient à dire que l'extraction hors de ces domaines est possible uniquement lorsqu'il y a une position échappatoire, telle que COMP au niveau de S'.

La théorie esquissée brièvement ci-dessus, a été critiquée par Bresnan (1976, 1977) qui propose deux types de règles :
- des transformations d'effacement non-bornées, telles que l'effacement de l'élément relativisé ('Relative Deletion') et l'effacement de l'élément comparé ('Comparative Deletion'):
- des transformations de Mouvement de *wh* non-bornées, s'appliquant dans les questions de *wh* et les relatives contenant des pronoms relatifs.

Ces deux types de règles sont soumises à une contrainte sur les variables. En anglais, deux procédés syntaxiques sont impliqués dans la dérivation des relatives toujours selon Bresnan. Ainsi les relatives ayant un pronom relatif en COMP sont dérivés par la règle de Mouvement, et les relatives introduites par *that*, ou rien sont dérivées par l'effacement de PRO, c'est-à-dire par l'effacement de l'élément relativisé. Deux différences peuvent être discernées entre la théorie de Chomsky et celle de Bresnan :

a. l'aspect borné/non-borné des procédés syntaxiques;
b. la question de savoir si toute configuration de type (1) doit être expliquée par la règle de Mouvement de *wh* en conjonction avec une règle d'Effacement dans COMP, ou s'il y a d'autres mécanismes syntaxiques impliqués.

Dans ce travail, nous prenons pour acquis que tout procédé syntaxique est effectivement borné. Nous essaierons de répondre à la deuxième question, question qui est pertinente pour les relatives en haïtien, comme nous le verrons plus loin. Nous démontrerons que les configurations différentes des relatives haïtiennes ne s'expliquent pas par l'hypothèse selon laquelle deux procédés syntaxiques sont impliqués, mais plutôt par l'interaction de la règle de Mouvement de *wh*, établissant le lien entre l'antécédent et la position relativisée (règle qui s'applique également dans la dérivation des questions *wh* et les clivées (voir Koopman (ce volume b)), le principe des catégories vides (ECP), principe qui régit l'apparition possible d'une trace, et un filtre spécifique à l'haïtien qui a l'effet d'exclure des NP ou PP lexicaux dans COMP.

Avant de présenter les données, nous allons considérer brièvement le cadre théorique présupposé.

## 0.2 Cadre théorique

L'organisation de la grammaire présupposée ici est celle de liage et gouvernement (ci-après GB) élaborée par Chomsky (1978, 1981).

On distingue différents composants :

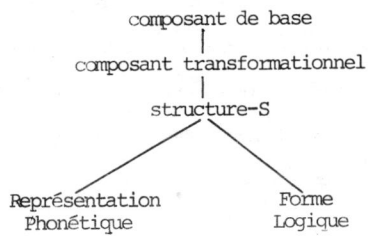

Le *composant de base* contient le lexique, ainsi que les règles de réécriture qui sont contraintes par une version de la théorie X'. Toutes les règles d'expansion sont optionnelles. Par convention, $_\alpha[e]$ représente tout élément n'ayant pas subi d'expansion. Le *composant transformationnel* contient la règle *'déplacez $\alpha$'*. Après avoir parcouru ces deux composantes on arrive à la structure de S qui sert d'entrée à la composante phonologique et celle de la forme logique. Tout NP lexical est pourvu d'un *index* en structure-S. Les NP ont également été pourvus de cas, par un mécanisme d'assignation des cas qui s'applique probablement en structure S. Les cas sont définis de façon strictement structurale. Ainsi :

- NP est nominatif s'il est gouverné par Temps (en d'autres termes par l'ancien AUX);
- NP est objectif s'il est gouverné par le verbe;
- NP est oblique s'il est gouverné par une préposition;
- NP est génitif dans ... (... représente une configuration structurale).

Nous adoptons la définition suivante pour la notion de *gouvernement* :

$\alpha$ gouverne $\beta$ si et seulement si $\forall \varphi$, $\varphi$ a une projection maximale,

$\varphi$ domine $\alpha$ si et seulement si $\varphi$ domine $\beta$ (Aoun et Sportiche (1981)).

Comme nous l'avons dit plus haut, la structure S sert d'entrée au composant phonologique et au composant de la forme logique. Le composant de *Représentation Phonétique* contient dans l'ordre cité, les règles d'effacement, les filtres, les règles stylistiques et les règles phonologiques. En particulier, elle comprend le filtre des cas, qui exige que tous les NP soient marqués pour un cas. Le filtre de cas peut être formulé comme suit :

$*_{NP}[\alpha]$, à moins que $\alpha$ ne porte un cas ($\alpha$ contient une matrice phonologique ou la trace de Mouvement de $wh$).

La théorie comprend également une théorie des NP. Il y a lieu de discerner trois types de NP :
- les NP anaphoriques, comprenant la trace de Mouvement de NP et les anaphores identifiées comme telles dans le lexique;
- les NP référentiels ('names' en anglais), comprenant les arguments et la trace de Mouvement de $wh$;
- les NP pronominaux, comprenant les pronoms et les PRO.

Au fond, un troisième type pourrait être ajouté, à savoir les NP non-référentiels comme par exemple le *il* impersonnel du français. A côté des NP lexicaux il y a des NP non-lexicaux, comprenant :
- les $_{NP}[e]$ anaphoriques (trace de Mouvement de NP);
- les $_{NP}[e]_{cas}$, qui sont des variables (trace de Mouvement de $wh$);
- les $_{NP}[PRO]$, sujets des compléments infinitivaux et des gérondifs.

Dans cette théorie, la distribution particulière des différents types de NP est une conséquence de l'interaction du filtre de cas et de la théorie de liage.

Quant à la *Forme Logique*, elle comprend des règles d'interprétation comme par exemple la règle QR (May (1978)), règle qui fournit l'interprétation à des phrases contenant des quantifieurs (cette règle est une instance de la règle de '*déplacez* α' en forme logique). En plus, elle comprend le ECP (principe des catégories vides), principe qui régit l'apparition possible des traces à des positions proprement gouvernées.

La théorie de liage contient les conditions suivantes pour chaque type de NP décrit ci-dessous :

    a. si α est une anaphore, α est lié dans chaque catégorie gouvernante;

    b. si α est une expression référentielle, α est libre;

    c. si α est pronominal, α est libre dans sa catégorie gouvernante minimale.

Reste à définir la notion de catégorie gouvernante. Elle est définie de façon à être la catégorie dans laquelle le NP reçoit un cas. Les catégories gouvernantes sont S et NP pour l'anglais (Chomsky (1979:12)).

Dans cet article, nous montrerons comment on peut rendre compte de la distribution complexe des relatives en haïtien à l'intérieur de ce cadre théorique.

1. LES CONSTRUCTIONS RELATIVES : LES DONNÉES

Les phrases (2) à (5) contiennent des exemples de relatives dont l'argument relativisé est le sujet.

(2) mun     nã ki  te  vini ã   te  di   nu   sa
    personne DET qui TNS venir DET TNS dire nous cela

    'la personne qui était venue nous l'avait raconté'

(3) ɛ̃sk       u  kõnɛ̃        õ   mun     ki  te  bezwɛ̃ ale   Peredo
    est-ce que tu connaître une personne qui TNS besoin aller Peredo

    'est-ce que tu connais une personne qui devait aller à Peredo'

(4) fi    a   ki  gɛ̃    rad  ruž  la  te  rakõte   nu   sa
    fille DET qui avoir robe rouge DET TNS raconter nous cela

    'la fille qui porte une robe rouge nous l'avait raconté'

(5) zãmi ki  pu   te  mɛ̃nɛ̃  m   nã  te  malad
    ami  qui COMP TNS amener moi DET TNS malade

    'l'ami qui devait m'amener était malade'

La relative est introduite par *ki*, qui peut être suivi du complémenteur *pu* (5). Le complémenteur *pu* est suivi d'une phrase à temps fini, c'est-à-dire par une phrase qui contient un marqueur de temps (ou de mode ou d'aspect) et un sujet lexical. *Pu* n'est pas vide de sens : il ajoute un sens de futur ou d'obligation à la phrase qu'il domine. Ceci est montré par le contraste entre (2) et (6).

(6) mun    nã ki pu   te  vini ã   pa  te  vini
    personne DET qui COMP TNS venir DET NEG TNS venir

'la personne qui aurait dû venir n'est pas venue'

Pour une description et analyse de *pu* nous renvoyons le lecteur à Koopman et Lefebvre (ce volume). Comme *ki* précède le complémenteur *pu*, il ne peut pas se trouver dans la position de sujet, mais doit nécessairement être dans COMP (pour un argument plus développé, voir Koopman (ce volume b)). La relative elle-même est dans la plupart des cas suivie par le déterminant *la*. Pour une analyse de *la* nous renvoyons à Fournier (1977) et à Lefebvre (ce volume).

Les exemples (7) à (12) montrent des relatives à partir de la position d'objet direct ou d'objet indirect :

(7) m konè     istwa     u  rakõte  m  $_{NP}$[e] nã
    je connaître l'histoire tu raconter moi       DET

'je connais l'histoire que tu m'as racontée'

(8) tab   la  m  te  ašte   [e] a   li   bèl
    table DET je TNS acheter    DET elle belle

'la table que j'ai achetée est belle'

(9) šyẽ   ã   m  te  bay   [e] õ  ku    a   te  mõde   m
    chien DET je TNS donner    un coup DET TNS mordre moi

'le chien à qui j'ai donné un coup m'a mordu'

(10) ti mun m te bay [e] mãže a te kõtã ãpil
enfant je TNS donner nourriture DET TNS content beaucoup

'l'enfant à qui j'ai donné de la nourriture était très content'

(11) gẽ õ bay pu m fẽ [e] a
avoir une chose COMP je faire DET

'j'ai quelque chose à faire'

(12) gẽ ti mun yo pu m bay [e] mãže a
avoir enfant PL COMP je donner nourriture DET

'j'ai des enfants à nourrir'

Nous observons que l'argument relativisé est absent de la relative. Cette absence a été marquée par $_{NP}$[e]. La relative présente obligatoirement une catégorie vide comme le montre l'agrammaticalité de (13) :

(13) *šyẽ m te bay li õ ku a te mõde m
chien je TNS donner lui un coup DET TNS mordre moi

Nous remarquons les faits suivants : la tête de la relative n'est pas suivie d'un pronom relatif, ki est limité aux relatives dont le sujet a été relativisé. De nouveau, nous pouvons trouver le complémenteur pu. Le sens des relatives qui contiennent pu égale celui de relatives infinitivales en français.[1]

Considérons maintenant des relatives à partir du génitif.

(14) a. šyẽ m te kase pat li a te mõde m
chien je TNS casser patte lui DET TNS mordre moi

'le chien dont j'avais cassé la patte m'a mordu'

b. *šyẽ m te kase pat $_{NP}$[e] a te mõde m
chien je TNS casser patte DET TNS mordre moi

(15) a. m  te  wè  fi  pitit  li  sot  muri  a
     je TNS voir fille enfant son sortir mourir DET

   'j'avais vu la fille dont l'enfant vient de mourir'

   b.*m  te  wè  fi  pitit   NP[e]  vin  muri  a
      je TNS voir fille enfant       venir mourir DET

(16) mun  pitit  yo  ale  lekòl ...
     gens enfant PL aller l'école

   'les gens dont les enfants vont à l'école...'

Le pronom génitif *li* 'son, sa' ou *yo* 'leurs', s'accordant en nombre avec la tête est obligatoire dans la relative, comme le montre l'agrammaticalité de (14b) et (15b).

Considérons maintenant les relatives formées à partir des fonctions obliques, et tout d'abord les relatives dont l'argument relativisé a une fonction locative.

(17) m  di  msye  nã  baryè  kote  u  rive  a  w  ap
     je dire monsieur dans barrière place tu arriver DET tu MOOD

         wè  õ  gwo  mal  šyẽ
         voir un gros mâle chien

   'j'ai dit : monsieur dans la barrière où tu arrives, tu vas voir un gros chien mâle'

(18) a. frižidè  *kote*  yo  sere  viãn  yo  NP[e]  a  te  kase
        frigidaire place ils mettre viande PL        DET TNS briser

    'le frigidaire où ils ont mis la viande s'est cassé'

    b. frižidè          yo  sere  viãn  yo  PP[e]  a  te  kase

    c. frižidè          yo  sere  viãn  yo  *nã li*  a  te  kase
                                              dans lui DET

En (17) et (18a) nous trouvons une relative introduite par *kote* 'lieu, place' tandis que la position relativisée est vide. L'exemple (18b) montre l'absence du PP dans S, et (18c) montre finalement la possibilité de retenir le PP relativisé dans S, où le PP contient un pronom "résomptif". Les verbes *rive* et *sere* sont strictement sous-catégorisés pour des PP[2] :

(19) a. m   rive    *(nã)   peyi     sa    a
     je  arriver (dans)  village  cette  DET

   b. m   sere   viãn   *(nã)  frižidè   a
      je  mettre viande (dans) frigidaire DET

Considérons d'autres exemples de relatives à partir de la fonction oblique :

(20) a. šèz   m   šita    (su li)  a   pa  solid
     chaise je  asseoir sur lui  DET NEG solide

     'la chaise sur laquelle je suis assis n'est pas solide'

   b. šèz   yo  šita   su yo    a   pa  solid
      chaise ils asseoir sur elles DET NEG solide

      'les chaises sur lesquelles ils sont assis ne sont pas solides'

   c. šèz   yo  šita   $_{PP}$[ ]   a   pa  solid
                                   DET

Dans tous les cas ci-dessus le PP relativisé peut être soit présent soit absent dans S. Le pronom résomptif est celui de la troisième personne du singulier ou du pluriel (20b) dépendant du nombre de la tête. Notons que le pronom est toujours celui de la troisième personne, même si la tête de la relative est un pronom personnel de la première ou de la deuxième personne.

(21) a.? mwẽ mẽm pèsõn pa vle sõti avẽ l la ...
      moi    personne NEG vouloir sortir avec lui DET ...

'moi, avec qui personne ne veut sortir,...'

b. *mwẽ mẽm pèsõn pa vle sõti avẽ m nã,...

Malgré le fait que cette tournure est perçue comme forcée, il n'y a pas de doute quant à la forme du pronom résomptif à l'intérieur du PP. La question qui se pose est de savoir si un pareil comportement peut être retrouvé avec tous les PP, puisque nous n'avons considéré que des exemples de PP strictement sous-catégorisés par le verbe. L'exemple (22) contient une relative à partir d'un PP non sous-catégorisé par le verbe :

(22) fi    m ap   maše  ãba laplüi *(avẽ li) a rele
     fille je ASP marcher sous la pluie avec elle DET s'appeller

Mariz
Maryse

'la fille avec laquelle je marche sous la pluie s'appelle
                                                  Maryse.

Dans ce cas, nous n'avons plus le choix entre la présence ou l'absence du PP : il doit être présent dans la relative. Ainsi nous pouvons conclure que l'absence ou la présnece du PP est liée à la sous-catégorisation stricte du verbe : si le PP est strictement sous-catégorisé, il peut ou bien être absent de la relative, ou bien présent. Si le PP n'est pas strictement sous-catégorisé par le verbe, il doit être présent dans la relative. Nous reviendrons ultérieurement sur ce point.

Dans le corpus Lefebvre et Fournier (1976), il n'y a pas d'exemples de relatives introduites par un PP. Pourtant, des structures de ce type ont été produites par certains informateurs lors des séances de travail. (23) fournit des exemples de ces structures :

(23) a. kuto   *avèk li*   m kupe   pẽ  ã   ...
     couteau avec lui je couper pain DET ...

b. mun     *ak ki*   Mariz te pati  a   ...
   personne avec qui Maryse TNS partir DET ...

c. fi    *nã ki mun*      m gẽ    kõfiãs   ...
   fille dans wh personne je avoir confiance ...

d. kay   *nã ki*   m rete   a
   maison dans qui je rester DET

e. kay   *nã ki-sa*   m rete  a
   maison dans wh cela je vivre DET

Il est très intéressant qu'une variété de pronoms ait été employée dans ces constructions. Ainsi on trouve les pronoms haïtiens *li* (23a), pronom personnel de la troisième personne, et *ki mun* et *ki sa* (23c, 23e) qui sont des pronoms interrogatifs. A côté de ces pronoms haïtiens, se trouve le pronom *ki* équivalent au *qui* français (23b, 23d). Plusieurs faits justifient, à notre avis, d'exclure ces constructions de la description. En plus du fait que ces constructions n'aient pas été trouvées dans le corpus, nous trouvons une grande incertitude en ce qui concerne le pronom à employer dans ce cas; finalement les informateurs considèrent que ces constructions n'appartiennent pas à l'haïtien, mais qu'elles sont dues à l'influence du français. Nous concluons donc que de telles constructions n'existent pas en haïtien. Enfin, remarquons que les prépositions ne peuvent être isolées ('*stranded*', parfois appelées *échouées* en français).[3]

(24) * mun      m   travay   pu    rele     mariz
     personne je travailler pour appeller Maryse

En conclusion, les relatives construites à partir des fonctions obliques ont les propriétés suivantes :
- si une fonction locative est relativisée, *kote* peut introduire la relative.

Dans tous les autres cas :
- le PP peut être absent ou présent s'il fait partie de la stricte sous-catégorisation du verbe;
- le PP doit être présent dans la relative s'il n'est pas sous-catégorisé par le verbe;
- le PP dans la relative doit contenir un pronom résomptif de la troisième personne singulier ou pluriel;
- la relative ne peut être introduite par un PP;
- les prépositions ne peuvent être isolées.

## 2. LA STRUCTURE DES RELATIVES

Nous pouvons faire le tableau suivant des configurations obtenues dans les relatives[4] :

(25) a.  $[_{NP} N_i [_{S'} ki_i (pu) [_S [_{NP} e]_i ...$     Sujet

     b.  $[_{NP} N_i [_? kote (pu) [_S ... [_{\{NP/PP\}} e]_i ...$   Locatif

     c.  $[_{NP} N_i [_{S'} (pu) [_S ... [_{VP} ... [_{NP} e]_i ...$  Objet direct
                                                                     Objet indirect

d. $[_{NP} N_i [_{S'} \text{ (pu) } [_S \ldots [_{VP} \ldots [_{PP} [e]_i \ldots$

PP strictement sous-catégorisé

e. $[_{NP} N_i [_{S'} \text{ (pu) } [_S \ldots [_{VP} \ldots [_{PP} [P] [_{NP} \text{pron.}]]_i \ldots$

PP ± sous-catégorisé

f. $[_{NP} N_i [_{S'} \text{ (pu) } [_S \ldots [_{NP} [N' [_{NP} \text{pron.}]_i \ldots$

Génitif

Avant d'aborder la question de savoir si Mouvement de *wh* est impliqué dans la dérivation des relatives, c'est-à-dire l'étude du comportement des relatives en ce qui concerne les critères 'diagnostiques' donnés en (1), examinons le tableau (25). Ce tableau fait ressortir des données non-uniformes : ainsi il y a des positions vides pour le sujet, l'objet direct et l'objet indirect, et les PP strictement sous-catégorisés, des pronoms résomptifs possibles dans les PP strictement sous-catégorisés et obligatoires dans les PP non sous-catégorisés et les génitifs. D'autre part la position de *kote* est exceptionnelle.

Abstraction faite de ce dernier, sur lequel nous reviendrons plus loin, le tableau (25) fait fortement penser à la hiérarchie d'accessibilité des NP établie par Keenan et Comrie (1977:90). Keenan et Comrie donnent la hiérarchie suivante :

sujet > objet direct > objet indirect > oblique > génitif > élément comparé

Nous pouvons traduire le tableau (25) en :

NP (sujet) > NP (objet direct et indirect) > PP > NP (génitif) > ...

Intuitivement on constate que la différence entre des relatives sans ou avec pronom résomptif découle de cette hiérarchie. Malheureusement, le statut de cette hiérarchie dans la grammaire n'est pas du tout clair. Si elle n'est qu'une simple spéculation la matière devient non intéressante. Nous essaierons de dériver cette hiérarchie des mécanismes dont nous avons besoin de toute façon démontrant ainsi qu'elle n'a pas de statut dans la grammaire. Un premier indice que la hiérarchie découle probablement d'autre chose est que le point de rupture se fait à l'intérieur de la catégorie PP, entre PP strictement sous-catégorisés et PP non sous-catégorisés. Ceci semble être un point de rupture non naturel. Un deuxième point qui pose un problème par rapport à cette hiérarchie est constitué par *kote*. Précisons le problème.

Le tableau (25) fait ressortir qu'il y a deux éléments qui peuvent se trouver au niveau de S', à côté du complémenteur *pu*, à savoir *ki* et *kote*. Ces derniers ne se comportent pas de la même façon, ce qui devient évident dans les cas de Mouvement non-borné.

(26) a. mun    u  kwẽ    ki   te  vini  ã   ...
personne tu croire qui TNS venir DET ...

'la personne que tu crois qui est venue...'

b. mun (*ki) u kwẽ *(ki) te vini ã

(27) a. frizidẽ    kote m  kwẽ    m sere  viãn   yo a ...
frigidaire lieu je croire je mettre viande PL DET...

'le frigidaire où je crois que j'ai mis de la viande...

b. frizidẽ      m  kwẽ ( kote) m sere viãn yo a

Ainsi, *ki* doit se trouver dans la phrase dont on extrait le sujet, tandis que *kote* doit se trouver adjacent à la tête de la relative. Le caractère exceptionnel de *ki* s'explique par le ECP (principe des catégories vides) (Chomsky (1981)) qui limite l'apparition d'une catégorie vide à une position proprement gouvernée. Le sujet n'est pas une position proprement gouvernée (voir Koopman (ce volume b)). En ce qui concerne *ki* il suffit de noter ici qu'il est décrit comme la lexicalisation du noeud T (c'est-à-dire du COMP), tout comme *qui* en français (voir Kayne (1976)). La question qui se pose concerne le statut de *kote*. *Kote* fonctionne en haïtien comme nom lexical, et comme pronom interrogatif (après l'effacement de *ki*). Est-ce que *kote* doit être considéré comme pronom relatif? Si oui, pourquoi n'y a-t-il pas d'autres pronoms relatifs? Autrement dit, pourquoi ce phénomène serait-il limité au cas des locatifs?

Considérons ces questions sous un angle un peu différent et étudions les différentes possibilités logiques pour l'analyse de *kote*. Dans Koopman (1979) et Koopman (ce volume b) des arguments sont présentés, en vertu desquels les questions contenant un mot *wh* sont engendrées par la règle de base :

(28)  S'' → TOP  S'

Les questions représentent donc des structures clivées, plutôt que des structures S'. Le niveau S' ne contiendra jamais autre chose que *ki* et le complémenteur *pu*. Nous avons démontré qu'il existe des verbes qui sont sous-catégorisés pour un complément S'' (*mãde* 'demander', par exemple). La règle VP → V  S''  existe par conséquent. La théorie X' prédit que si la règle  VP → V  S''  existe, il en existe possiblement d'au-

tres obéissant au même schème. Ainsi on aurait le schème $X^n \to X^{n-1}$ S''
où X égale une catégorie lexicale. En d'autres termes la théorie prédit
l'existence d'une règle comme NP → N' S'' en haïtien. Il est donc concevable que la structure des relatives introduites par *kote* ne soit pas
(29a), mais plutôt (29b).

(29) a. [arbre: NP → N, S'; S' → kote, S; S → {NP/PP}[e]]

b. [arbre: NP → N, S''; S'' → kote, S'; S' → T, S; S → {NP/PP}[e]]

A côté de ces deux possibilités il en existe une troisième, vu la règle
de base NP → N' NP, règle régissant la formation des génitifs. Selon
cette troisième possibilité nous pouvons avoir (29c), dans laquelle *kote*
est le nom tête d'une relative, et dans laquelle toute la relative remplit la fonction de génitif par rapport au nom tête.

(29) c. [arbre: NP → N', NP; NP → NP, S'; NP → kote; S' → T, S; S → NP[e]]

Il est à notre avis tout à fait souhaitable d'exclure (29a). Cela nous permettra de donner une analyse uniforme des relatives tout en nous fournissant la possibilité d'expliquer certaines différences entre les constructions relatives, les questions *wh* et les clivées. En ce qui concerne le choix entre (29b) ou (29c), nous avons une légère préférence pour l'alternative (29c), étant donné le problème suivant avec (29b). A côté de (30) :

(30) a. ki kote u rete a ?
  wh lieu tu vivre DET

  'où habites-tu?'

  b.   kote u rete a ?

seule la phrase correspondant à (31b) est possible dans les relatives :

(31) a. *kay ki kote u rete a, ...

  b. kay    kote u rete a, ...

Les constructions relatives qui commencent par *kote* seront donc traitées comme des instances de la structure (29c). Les détails de cette analyse restent à être développés. Concluons cette discussion en mentionnant qu'il y a des occurrences dans le corpus de relatives introduites par lè 'heure' (3 occurrences) et *sa* 'cela' (une occurrence) :

(32) a. ?lepòk lè    m te nã   matinik   la ...
  temps heure je TNS dans Martinique DET ...

  'le moment quand j'étais à Martinique ...'

  b. ?istua   sa   u rakõte  m   nã
   histoire cela tu raconter moi DET

  'l'histoire que tu m'avais racontée'

Ces deux mots sont parfois employés comme pronom interrogatif, sans être précédés de *ki*. Ajoutons que les informateurs confrontés à ces phrases ne les acceptent pas. Ce type de construction pose le problème de l'origine des pronoms relatifs, question particulièrement intéressante.

En excluant les relatives introduites par *kote* du schéma (25), nous obtenons (33).

(33) a. $[_{NP} [_{N_i} [_{S'} [ki_i \ (pu) \ [_S \ [_{NP} [e]_i$

  b. $[_{NP} [_{N_i} [_{S'} [ \ (pu) \ [_S \ [_{VP} [.. \ [_{NP} [e_i]] ..$

  c. $[_{NP} [_{N_i} [_{S'} [ \ (pu) \ [_S \ [_{VP} [.. \ [_{PP} [_P [e] \ [_{NP} [e_i]]] ..$

  d. $[_{NP} [_{N_i} [_{S'} [ \ (pu) \ [_S \ [_{VP} [.. \ [_{PP} [_P P] \ [_{NP} [pron_i]]] ..$

  e. $[_{NP} [_{N_i} [_{S'} [ \ (pu) \ [_S \ .. \ [_{NP} [_{N'} \ [_{NP} [pron_i]]] ..$

## 3. COMPORTEMENT SYNTAXIQUE

Comment ces constructions se comportent-elles en ce qui concerne les critères diagnostiques relatifs à la règle de Mouvement de *wh*, tels que développés par Chomsky et énumérés en (1) au début de cet article?

Le premier critère est celui de la présence d'une position vide dans S. (33a, 33b et 33c) présentent une position vide dans S, mais pas (33d) et (33e). Dans "On *wh*-Movement" Chomsky fait l'hypothèse que les langues qui ont des pronoms résomptifs dans les relatives, ne dérivent pas leurs relatives à l'aide de Mouvement de *wh*. Dans ces langues le processus de relativisation impliquerait plutôt l'interprétation d'un pronom engendré dans la base (Chomsky (1977:80 et note 12)). Nous reviendrons sur cette hypothèse et montrerons que ceci ne peut être le cas pour l'haïtien.

Considérons maintenant le deuxième critère, c'est-à-dire le Mouvement non-borné. En haïtien il est possible d'avoir Mouvement non-borné avec un nombre de verbes très limité. Cette possibilité semble dépendre de propriétés sémantiques du verbe lui permettant de fonctionner comme 'pont'. Les exemples suivants illustrent des cas de Mouvement non-borné en haïtien.

(34) mun nã u kwè ki te vini ã ...
 personne DET tu croire qui TNS venir DET ...

 'la personne que tu crois qui est venue ...'

(35) tab la u wè m te ašte a li bèl
 table DET tu voir je TNS acheter DET elle belle

 'la table que tu vois que j'ai achetée est belle'

(36) šyẽ ã u pa kwè m di ke li kase a ...
 chien DET tu NEG croire je dire queue lui casser DET ...

 'le chien dont tu ne crois pas que j'ai dit que sa queue est casseé ...'

L'exemple (34) représente une relative à partir de la position de sujet de l'enchâssée, (35) une relative à partir de la position d'objet et (36) une relative à partir du génitif qui est, comme nous nous y attendons, représenté par le pronom résomptif dans l'enchâssée. Nous voyons que dans ces cas, il y a violation apparente de la Sous-jacence, contrainte interdisant de relier deux éléments s'ils sont séparés par deux noeuds bornés (S'); il y a également violation apparente de la contrainte du Sujet spécifié, contrainte qui interdit de relier un élément appartenant au domaine du sujet avec un élément situé en dehors de ce domaine, et finalement il y a violation apparente de la contrainte de la phrase à temps fini, contrainte qui interdit de relier un élément appartenant au domaine du temps de la phrase à un élément situé en dehors de ce domaine. Le deuxième critère est donc satisfait.

Regardons maintenant comment les relatives se comportent par rapport à la contrainte du NP complexe. Cette contrainte est également respectée : il est impossible d'extraire des éléments d'un NP complexe comme le montrent les exemples (37) et (38).

(37) a. u te kõnẽ [istwa [m te di Mariz ___ la
 tu TNS connaître histoire je TNS dire Maryse    DET

 b. *mun u te kõnẽ [istwa [m te di {li} ___ a ...
  |_____X_____|

(38) a. u kõnẽ [fi [l ap rẽmẽ avè l la
 tu connaître fille il ASP aimer avec lui DET

 'connais-tu la fille avec qui il sort'

 b. *msye m kõnẽ [fi [l ap rẽme avè l la ...
  |_____X_____|

Il est important de noter qu'il n'y a pas de violation possible de la contrainte du NP complexe même quand on insère un pronom résomptif comme en (37b), ou quand le pronom résomptif est déjà présent dans la relative comme en (38). L'haïtien diffère donc de bon nombre de langues qui ont des pronoms résomptifs dans les relatives. Ces langues (e.g., l'arabe, l'hébreu, le français populaire) admettent dans ces constructions la violation des contraintes qui semblent s'appliquer au Mouvement.

Nous montrons finalement qu'il est impossible de violer la contrainte des Îlôts $wh$. L'exemple (39) montre que le résultat de l'extraction d'un élément qui est contenu dans une question indirecte est agrammaticale :

(39) *fi$_j$ u mãde $_{S''}$[ki sa$_i$ $_{S'}$[m bay [e$_j$] [e$_i$] a

En résumé, la relation entre la tête de la relative et l'argument relativisé obéit aux critères diagnostiques b, c, et d pour la règle de Mouvement de $wh$. Quant au critère a, il est partiellement obéi : dans le cas des relatives construites à partir du sujet, de l'objet direct, de l'objet indirect ou dans les cas de PP sous-catégorisés, la position relativisée contient une catégorie vide. Dans les relatives construites à partir des PP et génitifs, cependant, la présence d'un pronom résomptif dans la position relativisée est obligatoire.

4. L'ANALYSE

Dans cette section, nous discutons des analyses possibles et des problèmes qu'elles amènent.

## 4.1 Deux stratégies

Une première possibilité est d'envisager, pour l'haïtien, deux stratégies pour former des constructions relatives, stratégies qui correspondraient à deux dérivations syntaxiques différentes. Cette analyse implique que la présence ou l'absence d'un pronom résomptif est prise comme primordiale, et nous mène à la conclusion que la règle de Mouvement de *wh* s'applique dans les relatives à partir du sujet, de l'objet direct ou de l'objet indirect, ainsi que dans les PP strictement sous-catégorisés (stratégie de Mouvement de *wh*). Pour les PP strictement sous-catégorisés, il faut trouver un moyen d'exclure des phrases du type (40) sur lesquelles nous reviendrons ultérieurement.

(40) \*fi    ak   li  m koze   a
     fille avec qui je parler DET

Les relatives contenant un pronom résomptif dériveraient d'une deuxième stratégie et seraient engendrées telles quelles dans la composante de base.

Cette analyse pose de nombreux problèmes, et suscite de nombreuses questions : la rupture entre les deux stratégies se fait à la catégorie PP, où les PP sous-catégorisés peuvent être affectés par les deux stratégies. Comment se fait-il que la règle de Mouvement de *wh* ne peut s'appliquer à des PP et à des génitifs, et comment se fait-il qu'on ne peut avoir de pronoms résomptifs dans la position d'objet direct par exemple? La seule solution que nous voyons pour résoudre ces problèmes consiste à avoir recours à la hiérarchie d'accessibilité de Keenan et Comrie (1977) qui affecterait les possibilités d'application de la règle de Mouvement de *wh* et ce uniquement dans les relatives (dans les questions et les clivées on trouve nécessairement des catégories vides dans les PP et les NP qui contiennent un génitif (Koopman (ce volume b))). Le problème majeur avec cette analyse est le suivant : s'il existait effectivement deux systèmes de relatives, on s'attendrait à ce qu'elles se comportent différemment par rapport aux contraintes. Or, on a constaté plus haut que toutes les relatives obéissent aux mêmes contraintes. Par conséquent, il semble qu'un seul processus syntaxique est impliqué dans la formation des relatives et que c'est ce processus qui explique le comportement syntaxique des relatives. Vu ces problèmes, nous ne devons plus envisager comme possible l'existence de deux stratégies pour former les relatives en haïtien. Nous passons maintenant à la discussion de l'analyse que nous adopterons pour l'haïtien.

## 4.2 Les relatives sont dérivées par la règle de Mouvement de *wh*

Nous explorons dans cette section la possibilité qu'un seul processus syntaxique soit impliqué dans la dérivation des relatives, à savoir la règle de Mouvement de *wh*. La distribution observée résulterait de l'interaction de plusieurs principes, justifiés indépendamment. Cette analyse doit rendre compte des faits suivants :

a. Il n'est pas possible de trouver des NP ou PP lexicaux dans COMP :

(41) *fi mari $\begin{Bmatrix} \text{li} \\ \text{ki mun} \end{Bmatrix}$ n wè a
 fille mari lui nous voir DET

(42) *fi ak li u sòti a
 fille avec qui tu sortir DET

b. La présence d'un pronom résomptif dans les génitifs et les PP lexicaux est obligatoire :

(43) fi    m   wè  mari  *li*  a
     fille je  voir mari  son  DET

(44) fi    m   sòti  ak   *li*  a
     fille je  sortir avec lui  DET

c. Les PP sous-catégorisés peuvent être absents en structure de surface :

(45) šèz   m   šita   a
     chaise je asseoir DET

   'la chaise sur laquelle je suis assis'

La non-occurrence des NP et PP lexicaux dans COMP (notre point a) ne s'observe pas que dans les propositions relatives : même dans les questions *wh*, les pronoms *wh* ne se trouvent pas dans COMP, mais plutôt sous S'' (voir Koopman (ce volume b)). Il paraît donc que les NP et les PP lexicaux sont généralement exclus de COMP en haïtien. Supposons que cette exclusion soit implantée dans la grammaire au moyen du filtre suivant :

(46) *COMP $\begin{bmatrix} NP \\ PP \end{bmatrix}$, à moins que NP et PP ne contiennent pas de matrice phonologique.

Ce filtre fournirait alors des indications sur la dérivation des relatives en haïtien. D'abord, l'impossibilité de bouger toute la catégorie qui contient l'élément relativisé s'expliquerait à cause de l'exclusion des NP et PP lexicaux dans COMP. Afin de former une relative à partir d'un génitif ou d'un complément de préposition, il faudrait supposer qu'on déplace l'élément relativisé par Mouvement de *wh* (cet élément relativisé ne pourrait être lexical à cause du filtre (46), et pourrait être assimilé à un quantifieur zéro, que nous représentons par x). Les structures suivantes (structure S (après Mouvement de $wh$)) seraient le résultat de cette opération :

(47) $[_{NP_i} \ [_{S'} x_i \ [_S \ [_{NP} \ [_N \ [e_i]]]]]]$

(48) $[_{NP_i} \ [_{S'} x_i \ [_S \ [_{PP} \ [_P \ [e_i]]]]]]$

Ces représentations ne correspondent cependant pas à la structure de surface possible dans laquelle un pronom résomptif apparaît dans la position de la trace. L'impossibilité des structures représentées en (47) et (48) peut être reliée à un principe général de la forme logique, le ECP (principe des catégories vides). Ce principe régit l'apparition possible d'une trace dans des positions proprement gouvernées. Or, ni le complément d'un nom, ni celui d'une préposition ne sont gouvernés proprement (voir Chomsky (1981)). Par conséquent, on peut proposer que la présence d'un pronom résomptif dans ces positions pourrait s'expliquer par le ECP : une trace étant exclue, un pronom lexical doit apparaître pour rendre la dérivation possible.

Pourquoi un pronom résomptif ne peut-il apparaître dans des NP complexes? Nous avons montré en (37) et (38) que la contrainte des NP complexes est respectée et que la présence d'un pronom résomptif n'en modifie pas la grammaticalité. Nous répétons la structure de (37) et (38) en (49) :

(49) $*wh_i \ [_{NP} \ [_{S'} \ [_{S} x_j \ [_{VP} \ [_V \ [e]_j \ \begin{Bmatrix} [pron]_i \\ [e]_i \end{Bmatrix} \ ]\ ]\ ]\ ]$
———X———

b. $*wh_i \ [_{NP} \ [x_j \ [_{S'} \ [_S \ [_{VP} \ [_P \ \{[pron]_j \atop [e]_j\} \ ]\ ]\ ]\ ]\ ]\ ]$

La contrainte des NP complexes (i.e., l'impossibilité d'extraire un argument qui est à l'intérieur d'un NP) s'explique par la sous-jacence, une condition qui contraint l'application des règles de mouvement. La sousjacence interdit de lier deux éléments par une règle de mouvement s'ils sont séparés par plus d'un noeud borne (notre traduction de 'Bounding Node'). Considérant les pronoms résomptifs comme la lexicalisation d'une trace, l'impossibilité de (49) s'explique d'une façon uniforme : la règle de Mouvement de $wh$ ne peut s'appliquer puisqu'au moins deux noeuds bornés interviennent (NP, S' (et/ou possiblement S)). L'analyse proposée explique, d'une façon simple, le fait que les traces et les pronoms résomptifs se comportent de la même façon puisqu'un pronom résomptif n'est rien d'autre que la lexicalisation d'une trace.

La détermination des noeuds bornes constitue un paramètre dans la grammaire universelle (les langues ne se comportent pas de façon uniforme par rapport aux extractions des questions indirectes par exemple). Les structures (33d) et (33e) reprises ici en (50) fournissent des indications sur l'établissement des noeuds bornes en haïtien :

(50) a. $[_{NP} \ [_{S'} \ [x_i \ [_S \ [_{NP} \ \{pron \atop *e_i\} \ ]\ ]\ ]$ ... (33e)

b. $[_{NP} \ [_{S'} \ [x_i \ [_S \ [_{PP} \ \{pron_i \atop *e_i\} \ ]\ ]\ ]$ ... (33d)

Comme nous l'avons fait remarquer ci-dessus, les structures de surface correspondantes doivent contenir un pronom résomptif à cause du ECP. Après l'application de la règle de Mouvement de *wh*, cependant, ces structures contiennent une trace. Tandis que (49) viole la sous-jacence, (50a) et (50b) ne la violent apparemment pas. Si (50a) et (50b) ne violent pas la sous-jacence, il s'ensuit que S n'est pas un noeud borne en haïtien. Par les exemples en (50) nous avons donc pu déterminer que S' et NP (et éventuellement PP) sont des noeuds bornes en haïtien.

L'argumentation pour l'adoption de S' comme noeud borne se base en général sur la possibilité d'avoir des violations de la contrainte des Ilôts *wh* (voir Rizzi (1978) pour l'italien, et Sportiche (1979) pour le français). Le contraste entre (51) et (52) en français, s'explique de la façon suivante.

(51) C'est à Jean [$x_i$ que je sais $_{S'}$[quoi$_j$ [donner [e]$_j$ [e]$_i$

(52) *C'est à Jean [$x_i$ que je connais $_{NP}$[le livre$_j$ $_{S'}$[que tu as donné [e]$_j$ [e]$_i$

Si l'on accepte que S' et NP sont des noeuds bornes en français; la relation de mouvement établie entre $x_i$ et [e]$_i$ est possible en (51) puisqu'il n'y a qu'un seul noeud borne qui intervient. En (52) par contre, la relation entre [x]$_i$ et [e]$_i$ est exclue, à cause de l'intervention des deux noeuds bornes, NP et S'. L'agrammaticalité de (52) s'explique donc par une violation de la Sous-jacence. Retournons à la discussion sur les noeuds bornes en haïtien. Afin d'expliquer le contraste en grammaticalité entre (49) et (50) il faut présumer que S' et NP sont des noeuds bornes ('Bounding Node') en haïtien. Or, dans les langues où S' et NP sont des noeuds bornes pour la Sous-jacence, il y a des violations des îlots *wh*. Nous nous attendrions donc à trouver des violations des îlots *wh* en haïtien. Pourtant, nous avons montré que ces violations sont impossibles. A première vue, il semble que notre conclusion sur le caractère de borne de S' et NP est en conflit avec les prédictions qu'elle permet de faire. Notons que le conflit n'existe que si on fait l'hypothèse que les îlots *wh* représentent des structures S' (comme c'est le cas en français par exemple). Or en haïtien, il existe de bonnes raisons pour assigner une structure S'' aux questions *wh* (voir Koopman (ce volume b)). Les violations hypothétiques des îlots *wh* en haïtien représenteraient la configuration suivante :

(53) *$x_i$ [... V   [$x_2$ [   [ V [e]$_i$ [e]$_2$
           mãde  $_{S''}$  $_{S'}$  $_S$
     |_____X_____|

En (53), non seulement S' intervient, mais également S''. S'' peut être assimilé sous de nombreux aspects à NP, ce qui indique que (53) viole la Sous-jacence tout comme (37) (une violation de la contrainte des NP complexes). Conclure que S' et NP sont des noeuds bornes est par conséquent entièrement compatible avec l'absence de violations des îlots *wh* (l'argument présenté ci-dessus fournit un argument additionnel pour l'assignation d'une structure S'' aux questions *wh*).

Avant de résumer l'analyse proposée ici, discutons brièvement de l'absence possible d'un PP sous-catégorisé dans les relatives. Considérons la théorie de Rouveret et Vergnaud (1978), qui nous fournira le moyen technique de distinguer entre les PP strictement sous-catégorisés et ceux qui ne le sont pas. Rouveret et Vergnaud introduisent la notion de complexe verbal ('verbal complex') (p. 46). Une préposition strictement sous-catégorisée comme *sur* dans *mettre quelque chose sur* en français fait partie du complexe verbal. Ils introduisent la Convention d'indexation d'arguments dont l'effet est d'intégrer au complexe verbal, les NP qui suivent des prépositions faisant partie de ce dernier. La convention d'indexation est formulée comme suit :

$NP \rightarrow NP^P$ if governed by $[-N]^P$ (p. 46)

En d'autres mots, un NP qui suit un verbe ou une préposition ayant l'indice P se voit assigner l'indice P. Cette convention appliquée à l'haïtien donne le résultat suivant :

(54) $Mariz_i$ $\check{s}ita^1$ $su^1$ $\check{s}\bar{e}z$ $la^1_j$  'Maryse est assise sur la chaise'

(55) $Mariz_i$ ap $ma\check{s}e^1$ ak ti $p\bar{o}l_j$  'Maryse marche avec Paul'

Ainsi les traits de sous-catégorisation donnent des superscripts et deviennent en quelque sorte des gouverneurs. Nous essaierons de faire découler la différence entre les PP strictement sous-catégorisés et les autres relatives au fait d'avoir ou de ne pas avoir des superscripts.

La première question qu'il convient de se poser concerne la structure des PP vides. Nous présumons la structure suivante : $[_{PP} e \ [_{NP} e]]$. Nous avons remarqué à plusieurs reprises qu'une trace doit être gouvernée proprement (ECP). Nous proposons d'interpréter l'absence lexicale de la préposition comme permettant au superscript du verbe de gouverner proprement la catégorie vide NP. Les PP non sous-catégorisés, ne recevant de superscript du verbe, ne pourront jamais être absents puisque la catégorie vide dans le PP ne sera jamais gouvernée proprement. Nous ne rentrerons pas dans les détails de cette analyse. Il suffit de noter que seuls les PP qui entretiennent une relation spéciale avec le verbe pourront porter un superscript permettant au verbe de gouverner proprement la catégorie vide si la préposition n'est pas lexicalisée.

L'analyse que nous proposons pour les propositions relatives contient les traits suivants : toutes les propositions relatives en haïtien se forment par la règle de Mouvement de $wh$, comme l'indique leur comportement syntaxique (i.e., la relation entre l'antécédent et la position relativisée obéit à la sous-jacence). Les structures de surface s'expliquent par l'interaction de la règle de Mouvement de $wh$ et le ECP qui limite les outputs de la règle de Mouvement de $wh$ encore plus : les catégories vides, créées par Mouvement de $wh$ ne sont admises que dans des positions qui sont gouvernées proprement (e.g., objet direct, objet indirect, complément d'une préposition non-lexicale), qui est sous-catégorisée par un verbe. Comme les traces sont exclues des positions qui ne sont pas gouvernées proprement (e.g., la position sujet (voir Koopman (ce volume b)), complément d'un nom (génitif), et complément d'une préposition lexicale), l'haïtien dispose d'un moyen de sauver ces structures, qui est l'insertion de $ki$, assurant le gouvernement propre du sujet, et l'insertion d'un pronom dans la trace d'un complément de nom ou dans celle d'une préposition lexicale.

Enfin, la règle de Mouvement de *wh* ne peut pas déplacer tout un PP ou un NP à cause du filtre qui interdit un NP ou un PP dans COMP.

## 5. CONCLUSION

Dans cet article, nous avons vu comment les différentes configurations observées dans les relatives, peuvent être expliquées par l'interaction de la règle de Mouvement de *wh*, le ECP, et un filtre spécifique à l'haïtien. Les configurations s'expliquent en partie par l'implication de la règle de Mouvement de *wh* contrainte par la sous-jacence. Nous avons été capable de déterminer qu'en haïtien, S' et NP doivent être des noeuds bornes pour la sous-jacence. Dans les cas où la règle de Mouvement de *wh* ne produit pas une violation de la sous-jacence, les possibilités pour avoir des traces en structure de surface sont limitées par le ECP. C'est ainsi qu'on arrive à expliquer l'apparition de *ki* et des pronoms résomptifs dans exactement et uniquement les positions qui ne sont pas gouvernées proprement.[5]

Un point très intéressant de l'analyse présentée est qu'elle permet de dériver la hiérarchie d'accessibilité de Keenan et Comrie pour l'haïtien. La hiérarchie d'accessibilité découle de l'interaction des règles et principes mentionnés ci-dessus et n'a donc nullement besoin d'être stipulée dans la grammaire universelle.

Les données de l'haïtien montrent en outre qu'il existe deux types de pronoms résomptifs. Ainsi, il existe des langues qui ont des pronoms résomptifs dans les relatives qui diffèrent de l'haïtien en ce qu'elles peuvent librement violer les contraintes (comme par exemple l'hébreu et l'arabe). Ces pronoms résomptifs peuvent être assimilés à des pronoms introduits dans la base. Les pronoms résomptifs de l'haïtien, par contre, se comportent exactement comme des traces et il n'y a pas de différence entre les constructions qui comprennent des pronoms résomptifs et celles qui contiennent des positions vides. Une autre langue qui ressemble à l'haïtien à cet égard est le yoruba (Pulleybanck (1980)). En yoruba, il y a des pronoms résomptifs qui se comportent comme des traces de Mouvement de $wh$[6] dans les relatives construites à partir d'un complément de nom (génitif). Enfin, une analyse du type de la nôtre permet de découvrir les caractéristiques syntaxiques de l'haïtien.

## NOTES

\* Je tiens beaucoup à remercier mes six informateurs, en particulier Hélène Holly et Nanie Piou, qui en tant que locutrices de l'haïtien et linguistes m'ont beaucoup aidé avec les données. Ce travail a beaucoup bénéficié des discussions que j'ai eues avec Hans den Besten, Claire Lefebvre, Pieter Muysken et Dominique Sportiche. Une première version de cet article a circulé en 1979, et les données ont été présentées au colloque de *Creole Syntax*, 14 avril 1980, sous le titre *"Wh-Questions, Relative Clauses and Cleft Constructions in Haitian Creole"*. Si les données sont restées identiques l'analyse n'en a pas moins changé : l'analyse présentée dans le présent article diffère de celle des versions antérieures.

1. Dans le corpus Lefebvre et Fournier, nous avons trouvé quelques cas de kə introduisant des relatives. Vu le caractère non-systématique et peu fréquent de ce dernier, nous considérons kə comme un emprunt au français, et donc comme ne faisant pas partie de la grammaire de l'haïtien.

2. \*( ) signifie que la phrase est agrammaticale à moins qu'elle ne contienne le(s) élément(s) indiqué(s) entre parenthèses.
(\* ) signifie que la phrase est agrammaticale si elle contient le(s) élément(s) indiqué(s) entre parenthèses.

3. Certains informateurs ont produit des relatives qui contiennent des prépositions isolées ('stranded prepositions', aussi appelées prépo-

sitions échouées dans la littérature en français) lors des séances de travail.

(i) a. mun    m  travay  pu   rele      mariz
       personne je travailler pour s'appeller Maryse

   'la personne que je travaille pour s'appelle Maryse'

b. fiy  m  sŏti  avèk rele      mariz
   fille je sortir avec s'appeller Maryse

   'la fille que je sors avec s'appelle Maryse'

De nouveau nous constatons que ces constructions ne font pas partie du haïtien. Les verbes ont été empruntés au français, et malgré le fait que ces mêmes informateurs (deux sur six) emploient quasi obligatoirement le déterminant *la* à la fin de la relative, les phrases en (24) ne peuvent être suivies du déterminant *la*.

(ii) a. *mun m travay pu a

   b. *fiy m sŏti avèk la

Donc, une fois de plus, ce fait justifie l'exclusion de ces constructions, d'autant plus qu'elles n'apparaissent pas dans le corpus.

4. Nous reviendrons plus loin sur le point d'interrogation dans la structure (25b).

5. Ce fait constitue un argument pour l'indépendance de la sous-jacence et du ECP et montre en particulier que la sous-jacence ne peut être dérivée du ECP, comme il a été proposé par Kayne (1980). Pour un même type d'argument en faveur de la sous-jacence, voir Aoun (1980).

6. En yoruba, il est possible d'avoir des NP ou PP lexicaux dans COMP contrairement à l'haïtien. Ces deux langues diffèrent donc minimalement relativement au filtre (46).

LES QUESTIONS[*]

HILDA KOOPMAN

## 0. INTRODUCTION

Le but de cet article est de présenter une description des questions *wh* afin d'en déterminer les caractéristiques. Une fois ces caractéristiques déterminées, il deviendra possible de voir comment les questions *wh* s'insèrent dans la grammaire de l'haïtien et d'en déterminer les différences ou parallélismes avec d'autres langues. Cet article s'organise comme suit : dans la section 1, nous décrivons le système du complémenteur; dans la section 2, nous présentons les données concernant les questions *wh* en prêtant attention à leur forme, distribution et caractéristiques syntaxiques; dans la section 3, nous présentons notre analyse et discutons de la façon dont elle rend compte des propriétés des questions *wh*. Nous montrons qu'une analyse des questions *wh* comme structures dominées par S'' permet d'en expliquer d'une façon élégante les diverses propriétés. Finalement, dans la conclusion, nous indiquons la pertinence des conclusions de notre analyse pour l'étude de la genèse de l'haïtien.

1. LA STRUCTURE DE COMP

Pour l'expansion des phrases en haïtien, nous adoptons les règles de réécriture suivantes :

(1) a. S' → COMP S
    b. S → NP AUX VP
    c. COMP → ±T

La projection maximale, S', contient S et le noeud COMP. Le noeud COMP domine le complémenteur (i.e., l'équivalent de *que* en français ou de *that* en anglais).

Suite à une suggestion de Chomsky et Lasnik (1977:445), nous traitons le complémenteur comme une réalisation de traits universaux, et plus particulièrement du trait universel T (TEMPS). Den Besten (1978) propose l'introduction de ce trait pour caractériser les propriétés du complémenteur en allemand, hollandais et anglais. Nous généralisons son idée et proposons que le trait T entre dans la caractérisation du complémenteur de façon universelle : [+T] exige de la phrase qu'il domine qu'elle soit une phrase à temps fini; [-T] qu'elle soit une phrase infinitivale. Comment ce trait universel se réalise-t-il en haïtien? En étudiant les phrases à temps fini, on rencontre un premier problème, à savoir que le complémenteur qui correspondrait au français *que* est absent.[1] Ce fait est illustré dans les exemples suivants :

(2) a. m te di    li te vini ã
    je TNS dire il TNS venir DET

   'j'avais dit qu'il était venu'

   b. li te kwè    u te malad
      il TNS croire tu TNS malade

   'il avait cru que tu étais malade'

Nous présumons cependant que le trait T est présent en structure profonde et que son absence phonétique est un fait idiosyncratique. Ce complémenteur zéro sera désormais représenté comme [∅].
                                                                                                           +T

Mis à part ce complémenteur zéro, on trouve *si* et *pu* dominant des phrases à temps fini. L'emploi de *si* est illustré en (3) :

(3) m mãde    u si l ap vini
    je demander toi si il ASP venir

   'je te demande s'il vient'

Nous ne discuterons pas de *si* dans cet article.[2] En (4), nous trouvons un exemple illustrant l'emploi de *pu*.

(4) m te vle    pu u te vini
    je TNS vouloir *pu* toi TNS venir

   'je voulais que tu viennes'

Le fait que *pu* introduit des phrase à temps fini[3] (voir Koopman et Lefebvre (1981) et (ce volume)), nous mène à le traiter comme une lexicalisation du trait [+T]. *Pu* diffère pourtant du complémenteur zéro dans la mesure où il ajoute un sens de futur ou d'obligation à la phrase. Afin d'exprimer cette différence, nous attribuerons le trait spécifique [+MOOD] à ce dernier. Pourquoi traiter *pu* comme complémenteur plutôt que comme un élément adverbial au début de S, par exemple? C'est parce que le choix de *pu* n'est pas libre, mais dépend du verbe qui le domine. Par exemple, certains verbes comme *dwe* 'devoir' prennent *pu* obligatoirement lorsqu'ils sont suivis d'un complément à temps fini.

(5) li dwe pu l fè sa

D'autres verbes, comme *pwomèt* 'promettre', peuvent être suivis soit de l'un soit de l'autre :

(6) a. m pwomèt u pu m vini
je promettre toi *pu* je venir

'je te promets de venir'

b. m pwomèt u m ap vini
je promettre toi je *ap* venir

'je te promets de venir'

Finalement, certains verbes comme *espere* 'espérer', sélectionnent [∅] uniquement.
+T

(7) m espere (\*pu) l ap vini
je espérer il *ap* venir

Reste à discuter du trait [-T]. Nous présumons que ce trait domine les phrases infinitivales, comme par exemple (8a) qui a la représentation (8b) à la structure S :

(8) a. li vle vini
    elle vouloir venir

b. li vle [ -T   [PRO vini
         S'     S

En résumé, il a été proposé de considérer le système du complémenteur comme la réalisation du trait universel [+T] dominant des phrases à temps fini et [-T] des phrases infinitivales. Pour décrire le système du complémenteur en haïtien nous devons avoir recours à un trait spécifique [±MOOD] afin de décrire la différence entre le complémenteur zéro et *pu*. L'haïtien a donc deux complémenteurs dominant des phrases à temps fini, dont la représentation est donnée en (9)[4] (nous reviendrons plus bas sur le *ki* de (9)) :

(9) [+T] → $_{+T}[\ \{^{ki}_{\emptyset}\}\ (_{mode}[pu])\ ]$

On présume en général que le noeud COMP contient, outre le complémenteur, une position WH, dans laquelle aboutissent les pronoms interrogatifs et relatifs. Il existe des indications permettant de dire que tel n'est pas le cas en haïtien. Nous reviendrons sur ce point en 3.2.

2. LES QUESTIONS *WH* : LES DONNÉES

2.1 Les constituants *wh*

Les constituants *wh* se composent de la particule *ki* suivie d'un nom signifiant 'personne', 'temps', 'place', 'manière', etc. *Ki* joue un rôle comparable au français 'quel'. Nous nous référons désormais à *ki* comme *wh*-. En plus de ces constituants *wh*, on trouve quelques pronoms interrogatifs originellement empruntés au français. Des exemples de constituants *wh* se trouvent en (10).

(10)
| | | |
|---|---|---|
| ki mũn | *wh*- personne | 'qui' |
| ki lès | | 'qui' |
| (ki) sa | *wh*- cela | 'quoi' |
| (ki) kote | *wh*- place | 'où' |
| ki bõ | | 'où' |
| ki lè | *wh*- heure | 'quand' |
| ki zã | *wh*- manière | 'comment' |
| kumã | | 'comment' |
| kõbyẽ X | | 'combien' |
| ki kalité | *wh*- sorte | 'quel genre de' |
| pu ki (sa) | pour *wh*- cela | 'pourquoi' |

Le tableau (10) indique que deux de ces éléments peuvent être employés sans être précédés par *ki* : le pronom démonstratif *sa* et *kote*. *Pu ki* est une variante de *pu ki sa*. *Ki* (wh-) se trouve dans la même position que les quantificateurs comme *šak* 'chaque'. Par conséquent, *ki* sera traité comme quantifieur -*wh*. Les noms en (10) ont la structure suivante :

(10')  [ ki [    ] ]
       NP *wh* N    NP

Les constituants *wh* se trouvent dans les questions *wh* directes et indirectes, comme on verra en 2.2 et 2.3. Ils sont exclus de l'équivalent relatives libres :

(11) a. *m ap mãže *ki-sa* u fè a
je ASP manger quoi te faire DET

b. m ap mãže sa u fè a
je ASP manger cela tu faire DET

'je mange ce que tu fais'

(12) a. *m rẽmẽ ki mun u rẽmẽ

b. m rẽmẽ mun u rẽmẽ

Notons que dans bien des langues les pronoms *wh* se trouvent également dans les relatives libres[5] (français : *J'aime qui tu aimes*, anglais : *I ate what you prepared*). Nous reviendrons sur ce point à la section 4.

## 2.2 Les questions wh directes

En questionnant le sujet, nous obtenons des exemples comme les suivants :

(13) ki mun ki te vini ã
wh-personne *ki* TNS venir DET

'qui était venu'

(14) ki sa k bõ kreòl la
quoi *ki* vrai créole DET

'qu'est-ce qui est le vrai créole'

(15) ki mũn ki pu te fè sa a
wh-personne *ki pu* TNS faire cela

'qui devait faire ça'

Le sujet interrogé se trouve toujours en position initiale obligatoirement suivi de la particule *ki*, qui est distincte du quantifieur *ki*, et qui ne peut jamais être employée comme pronom interrogatif. Le caractère obligatoire de *ki* est illustré par l'agrammaticalité de (16).

(16)  *ki mun     te vini ã
      wh-personne TNS venir DET

Le complémenteur *pu* peut suivre la séquence *wh-N-ki* comme illustré en (15). La phrase interrogative peut être suivie du déterminant *la* (voir Lefebvre (ce volume)).

Si les objets directs ou indirects sont questionnés, ils doivent se trouver en position initiale de phrase :

(17) a. sa  u  fẽ    [e] a
        quoi tu faire    DET

   'qu'est-ce que tu fais'

   b. sa   pu n   te fẽ   [e] a
      quoi *pu* nous TNS faire    DET

   'qu'est-ce qu'on aurait dû faire'

   c. ki mun     u te bay  [e] õ ti     flẽ
      wh-personne tu TNS donner   une petite fleur

   'à qui est-ce que tu avais donné une fleur'

Le constituant préposé peut être suivi par *pu*. Nous observons que le site d'extraction doit être vide (*Ki mun u wẽ li a* 'quelle personne tu l'as vu'). De plus, le constituant *wh* ne peut être suivi ni de *ki* ni de *kə*, comme l'illustre (18) :

(18)  *ki sa $\begin{Bmatrix} ki \\ kə \end{Bmatrix}$ u fè  [e]
      wh cela $\begin{Bmatrix} ki \\ kə \end{Bmatrix}$ tu faire

L'extraction d'un génitif, qui suit toujours le nom-tête, produit des phrases comme celles de (19) ou de (20) :

(19)  pitit ki mun      u te wè  [e] a
      enfant *wh* personne tu TNS voir    DET

      'l'enfant de qui as-tu vu'

(20)  pitit ki mun      ki te vini ã
      enfant *wh* personne *ki* TNS venir DET

      'l'enfant de qui était venu'

De nouveau, le constituant se trouve en entier en position initiale de phrase. Notons l'absence de marque morphologique de génitif. Si le constituant contenant le génitif provient originalement de la position sujet, il doit être suivi de *ki* (20). S'il origine d'une autre position, l'apparition de *ki* est exclue, et la position d'origine doit être vide. Le génitif questionné ne peut jamais être séparé du nom-tête, comme l'indique (21) :

(21)  *ki mun       u te wè  pitit (li) a
      wh-personne tu TNS voir enfant (lui) DET

      'de quelle personne tu as vu l'enfant'

En résumé, tous les NP questionnés, c'est-à-dire sujet, objet direct et indirect et génitif, doivent se trouver en position initiale. L'extraction du sujet a la particularité de requérir la présence de *ki*

qui est exclu avec les non-sujets. On observe donc une asymétrie sujet/
non-sujet quant à l'interrogation. Tous les constituants peuvent être
suivis par le complémenteur *pu*, qui suit *ki* quand ce dernier est présent. Finalement, il est impossible d'utiliser des pronoms résomptifs
dans les questions *wh*.

Nous passons maintenant aux questions construites à partir des positions obliques, en présentant d'abord des données sur les compléments
locatifs et temporels :

(22) a. ki kote    li yè [e] a
       wh endroit il être  DET

     'où est-ce qu'il est'

b. kay   ki mun     u travay   [e]
   maison wh personne tu travailler

   'chez qui est-ce que tu travailles'

c. nã  ki sa  li sere  kõb    la [e]
   dans wh cela il mettre argent DET

   'dans quoi est-ce qu'il a mis l'argent'

On remarque que *kote* ou *ki kote* sont employés comme pronoms interrogatifs locatifs. Pour former des questions plus spécifiques, le PP est
préposé comme en (22b) et (22c). L'interrogation des compléments temporels est illustrée en (23) :

(23) a. ki lè   u ap vini
      *wh* heure tu ASP venir

     'quand est-ce que tu viens'

    b. nã  kõbyẽ  žu  u  ap  pati
       dans combien jour tu ASP partir

     'dans combien de jours est-ce que tu pars'

Les constituants locatifs et temporels seront traités comme NP s'ils correspondent à des NP, et comme PP s'ils correspondent syntaxiquement à des PP ((22a), (23a) et (22b), (22c), (23b) respectivement).

L'interrogation d'un PP remplissant d'autres fonctions obliques du verbe produit des exemples comme (24) :

  (24) a. ak  ki sa  m  pral kupe  pẽ   ã
         avec *wh* cela je aller couper pain DET

      'avec quoi est-ce que je vais couper le pain'

     b. nã  ki mun   pu m  gẽ    kõfiãs
        dans *wh* personne *pu* je avoir confiance

      'dans qui est-ce que je peux avoir confiance'

Le PP extrait doit se trouver en position initiale de phrase, et peut être suivi du complémenteur *pu* (24b). La phrase contient toujours une position vide dans la position d'origine du PP et le constituant interrogé ne peut être suivi par *ki*. Les prépositions ne peuvent pas être isolées.

  (25) *ki mun    u  vini  ak  [e] nã  buk   la
      *wh* personne tu venir avec   dans village DET

Les phrases qui contiennent un PP avec un pronom résomptif sont également exclues, contrairement à ce qu'on observe dans les relatives (section 3.2.1 et Koopman (ce volume a)).

(26) *ki sa  m  pral kupe  pẽ  ak  li  a
    *wh* cela je aller couper pain avec lui DET

## 2.3 Les questions wh indirectes

Comme les questions indirectes ont la même distribution et la même forme que les questions directes, nous nous limiterons à la présentation de quelques exemples[6] :

(27) m mãde  u  ki mun    ki te vini  ã    (sujet)
    je demander toi *wh* personne *ki* TNS venir DET

'je te demande qui était venu'

(28) m mãde  u  ki sa  yo vin  šěše    (objet direct)
    je demander toi *wh* cela ils venir chercher

'je te demande ce qu'ils viennent chercher'

(29) m pa kõnẽ  ki mun    u te bay  õ ti  flè  a
    je NEG savoir *wh* personne tu TNS donner une petite fleur DET

(objet indirect)

'je ne sais pas à qui tu avais donné une fleur'

(30) m pa kõnẽ  pitit ki mun    ki te la a   (génitif)
    je NEG savoir enfant *wh* personne *ki* TNS là DET

'je ne sais pas de qui l'enfant a été là-bas'

(31) l mãde  m  ak  ki kuto  pu l kupe  pẽ  ã   (PP)
    il demander moi avec *wh* couteau *pu* il couper pain DET

'il me demande avec quel couteau il faut couper le pain'

## 2.4 Mouvement non-borné

En haïtien, il existe des phénomènes qui sont généralement appelés des phénomènes de mouvement non-borné. L'élément questionné et la phrase dont il a été extrait sont séparés par un ou plusieurs noeuds S' :

    (32)  ki sa  žã  kwè  mariz te fè  [e] a
            *wh* cela Jean croire Maryse TNS faire    DET

        'qu'est-ce que Jean croit que Maryse avait fait'

Il est bien connu que les phénomènes de mouvement non-borné ne sont possibles qu'avec un nombre limité de verbes. La possibilité de mouvement non-borné dépend de propriétés du verbe qui lui permettent de fonctionner comme 'pont'.[7] En haïtien, les verbes *di* 'dire' et *kwè* 'croire' peuvent (et même doivent) fonctionner comme des ponts tandis que le verbe *šišote* 'murmurer' ne le peut pas.

    (33)  a. *žã  pa kwè  ki mun    ki te vini ã
              Jean NEG croire *wh* personne *ki* TNS venir DET

        b. *ki sa  mariz šišote  žã  fè  [e]
           *wh* cela Maryse murmurer Jean faire

Toutefois, si le sujet a été extrait de la phrase enchâssée, *ki* doit obligatoirement apparaître en surface :

    (34)  ki mun    ža kwè    mariz te di    (ki) te vini ã
           *wh* personne Jean croire Maryse TNS dire   *ki* TNS venir DET

        'qui Jean a cru que Maryse avait dit qui était venu'

L'exemple (34) montre en plus que *ki* doit être présent dans la phrase même dont le sujet a été questionné. En d'autres termes, *ki* ne peut pas suivre immédiatement le constituant *wh* comme nous le montrons en (35).

(35) *ki mun    ki žã  kwè   (ki) te vini  ã
     wh personne *ki* Jean croire (ki) TNS venir DET

## 2.5 Wh *in situ* et questions *wh* multiples

Il a été remarqué ci-dessus que le constituant *wh* doit se trouver en position initiale. En effet, il est impossible de former une question générale tout en ayant le constituant *wh* dans la même position qu'un NP objet par exemple ( *wh in situ*, voir Aoun, Hornstein et Sportiche (1981) et Chomsky (1981)).

(36) a. m te wè  pyè
        je TNS voir Pierre

   b. *u te wè  ki mun    nã
       tu TNS voir *wh* personne DET

      'tu as vu qui'

L'agrammaticalité de (36b) contraste directement avec le français *'Tu as vu qui?'*. Dans bien des langues, il est impossible d'avoir des mots *wh in situ* dans les questions simples (par exemple l'anglais). Il est pourtant possible de former des questions *wh* multiples en anglais, dans lesquelles un mot *wh* se trouve *in situ* : *'Who prepared what?'* *'Qui a préparé quoi?'*. Ce genre de phrase reçoit une interprétation du type *'pour quel (x,y), x a préparé y'*. En haïtien il est impossible de former des questions *wh* multiples[8] :

(37) a. *ki mun    ki te fè   ki sa   a
        wh personne *ki* TNS faire *wh* chose DET

      'qui a fait quoi'

b. ki mun     ki te fὲ  ő  bagay
   wh personne *ki* TNS faire une chose

## 2.6 Critères diagnostiques pour la règle de Mouvement de *wh*

Chomsky (1977:86) a formulé des critères diagnostiques qui permettent de déterminer si certaines constructions sont dérivées par la règle de Mouvement de *wh*. En d'autres termes, il y a certains phénomènes qui indiquent qu'un même genre de procédé syntaxique s'est appliqué. Il formule les critères diagnostiques suivants :

a. Mouvement de *wh* laisse une position vide;

b. s'il y a un pont, il y a une violation apparente de la contrainte du sujet spécifié et de la contrainte de la phrase à temps fini;

c. Mouvement de *wh* observe la contrainte du NP complexe;

d. Mouvement de *wh* obéit aux contraintes des îlôts *wh*.

Comme nous l'avons vu ci-dessus, le critère a est respecté pour les non-sujets. Nous verrons plus bas (section 3.2.2) qu'il l'est également pour les sujets. Le critère en b est également respecté, comme les exemples de mouvement non-borné (32) le montrent. Quant à c et d, il est impossible d'extraire de l'intérieur des NP complexes (phrases relatives par exemple) et d'îlôts *wh* (questions indirectes) :

(38) a. li kõnὲ    fi$_i$  m te wὲ [e]$_i$  ak žã
        il connaître fille je TNS voir      avec Jean

   'il connaît la fille que j'avais vu avec Jean'

b. *ak ki mun$_j$  li kõnὲ     fi$_i$ m te wὲ $_{NP}$[e]$_i$ $_{PP}$[e]$_j$
    avec *wh* personne il connaître fille je TNS voir

(39) a. žã mãde    ki mun    ki te wè  Mariz la
       Jean demander wh personne ki TNS voir Maryse DET

    'Jean demandait qui avait vu Maryse'

   b. *ki mun$_i$  žã mãde    ki mun    ki te wè  [e]$_i$ a
       wh personne Jean demander wh personne qui TNS voir     DET

Les données sont donc tout à fait en accord avec les critères diagnostiques de la règle de Mouvement de *wh*.

## 2.7 Propriétés générales des questions *wh*

Nous résumons ici les différents aspects des questions *wh* discutés dans cette section.

- Les constituants *wh* se composent du quantifieur *ki* suivi d'un nom.
- Les constituants *wh* se trouvent dans les questions *wh* directes et indirectes, qui, d'ailleurs, ont la même forme de surface, et sont exclus des relatives libres.
- L'élément questionné ne peut se trouver qu'en position initiale de phrase. Il ne peut se trouver *in situ*, même dans les questions *wh* multiples.
- Tous les constituants *wh* peuvent être suivis du complémenteur *pu*.
- La question *wh* peut être suivie du déterminant *la*.
- La phrase contient une position vide correspondant à l'élément questionné. En d'autres termes, il est impossible de trouver des pronoms résomptifs dans S.
- Les prépositions ne peuvent être isolées.
- Il y a des phénomènes de Mouvement non-borné avec un nombre limité de verbes qui peuvent fonctionner comme des ponts.

- On trouve une asymétrie sujet/non-sujet quant à l'extraction. Quand le sujet est questionné, *ki* suit obligatoirement le constituant *wh*.
- S'il y a Mouvement non-borné, *ki* se trouve dans la phrase dont le sujet a été extrait. L'apparition de *ki* est exclue avec des non-sujets. Les questions *wh* sont conformes aux critères diagnostiques de Mouvement de *wh* formulés dans Chomsky (1977).

## 3. L'ANALYSE DES QUESTIONS

L'analyse des questions *wh* doit rendre compte des propriétés résumées plus haut. Dans un premier temps nous montrons que ces propriétés peuvent être expliquées par l'adoption d'une structure S'' pour les questions *wh*. Dans un deuxième temps nous discutons des problèmes que poserait une analyse en termes de S'.

Il semble avoir été pris pour acquis -implicitement- que la structure des questions *wh* ne variait pas d'une langue à l'autre. Les différences observées s'expliqueraient alors par l'interaction des différents composants de la grammaire, comme par exemple, le choix d'appliquer Mouvement de *wh* aux pronoms interrogatifs ou de ne pas l'appliquer.

Certains linguistes cependant ont proposé une structure autre que S' pour les questions *wh*. Dans la littérature on trouve les hypothèses suivantes pour la structure des questions *wh* :

(i) les questions *wh* sont des NP;

(ii) les questions *wh* sont des S'', le constituant *wh* n'étant pas dominé par S' mais par S'';

(iii) les questions *wh* sont des S', le constituant *wh* se trouve au niveau S' (i.e., dans COMP).

D'après Awobuluyi (1978), les constructions en focus en yoruba ne sont pas des structures dominées par S', mais plutôt des structures nominales (NP) (dans sa note 15, il est clair qu'il considère les questions *wh* comme des constructions de focus). Le yoruba illustrerait donc l'hypothèse (i). D'après Goldsmith (1979), les questions *wh* en igbo représentent deux structures, introduites par la règle de base suivante :

$$E \rightarrow wh \begin{Bmatrix} NP \\ S' \end{Bmatrix}$$

Un type de questions *wh* pourrait être assimilé à des NP (i), tandis que l'autre pourrait être assimilé à des structures S'' (le noeud $E$ dans la règle de base de Goldsmith). Finalement, Epée (1976) présente des arguments en faveur d'une assignation d'une structure S'' aux questions *wh* en duala. Le duala illustrerait donc l'hypothèse (ii). Quant à l'hypothèse (iii), elle est illustrée par l'anglais et le français par exemple. Notons que les langues qui illustreraient (i) ou (ii) appartiennent toutes à la famille Niger-Congo. Quelle est la structure des questions *wh* en haïtien? Nous discuterons en 3.1 de l'hypothèse (i), en 3.2 de l'hypothèse (ii) et en 3.3 finalement de l'hypothèse (iii).

## 3.1 Les questions *wh* comme NP

Si les questions *wh* étaient dominées par NP, elles auraient la structure suivante :

(40) $[_{NP} \ [_{NP} \text{ki N}] \ [_{S'} (\text{ki (pu)}))...$

Selon cette hypothèse, les questions *wh* auraient la même forme que les relatives. Nous nous attendrions donc à trouver une relation structurale, entre le constituant *wh* et la position correspondante dans la phrase, de même type que celle qui existe entre la tête d'une relative et la position relativisée (pour une description des relatives, voir Koopman (ce volume a)).

S'il existe un parallélisme dans le cas du sujet, de l'objet direct et de l'objet indirect, les structures diffèrent cependant dans le cas des PP et des génitifs : dans les relatives, les PP peuvent être absents ou présents en surface, dépendant de la sous-catégorisation du verbe, tandis que dans les questions *wh*, les PP se trouvent invariablement en position initiale (43). Les exemples (41), (42) et (43) représentent les cas pertinents :

(41)  m   di   u   fil mwẽ kud   rad mwẽ (ak li)   a   pa  fɔ̃
     je dire toi fil je  coudre robe moi (avec lui) DET NEG fort
     'je te dis que le fil avec lequel je couds ma robe n'est pas fort'

(42) *fil ak   ki   m   kud   rad  mwẽ ã   ...
     fil avec lequel je coudre robe moi DET ...
     'le fil avec lequel je couds ma robe...'

(43)  ak   ki fil u   kud   rad   u   (*ak li)   a
     avec *wh* fil tu coudre robe toi   avec lui DET
     'avec quel fil tu couds ta robe'

La même argumentation s'étend aux génitifs. Les génitifs peuvent se trouver *in situ* dans les phrases relatives (44a), et ne peuvent être

préposés (44b). Pourtant, ils doivent être préposés dans les questions
*wh*.

(44) a. m te wɛ̃ fi     m kõnɛ̃    mari li a
       je TNS voir fille je connaître mari son DET

   'j'avais vu la fille dont je connaissais le mari'

   b. * m te fi    {mari ki mun}       m kõnɛ̃
                   {mari li    }
        je TNS fille {mari wh personne} je connaître
                     {mari son }

(45) a. mari ki mun      u kõnɛ̃
       mari wh personne tu connaître

   'le mari de qui est-ce que tu connais'

   b. *ki mun      u kõnɛ̃    mari li a
      wh personne tu connaître mari son DET

On observe ainsi une différence structurale entre les questions *wh* et
les relatives.

A côté de cette différence, il existe également des similarités
entre les deux types de constructions. Cette similarité se révèle quand
on étudie le comportement du déterminant du NP (*la* et *yo*).[9] Considérons
à cet effet les exemples (46) et (47) :

(46)
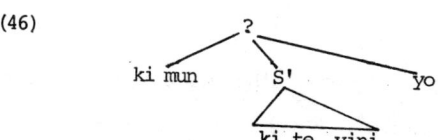

wh personne *ki* TNS venir pluriel

'quels gens sont venus'

(47)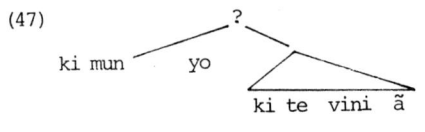

wh personne PL    ki TNS venir DET

'quels gens sont venus'

En (46), le déterminant *yo* modifie le mot *wh*, malgré l'intervention de S, et en (47), *yo* modifie le mot *wh* et *la* à son tour modifie toute la question. Dans les relatives, on trouve exactement les mêmes données (voir Lefebvre (ce volume)). Les données en (46) et (47) montrent que le constituant *wh* se comporte comme la tête de la construction interrogative.

Nous concluons que d'une part, la différence structurale entre les questions *wh* et les relatives permet de rejeter l'hypothèse selon laquelle les questions *wh* sont un type de phrase relative. De l'autre, le comportement du déterminant avec les propositions relatives et les questions *wh* montre que la tête de la relative et le constituant *wh* entretiennent le même rapport syntaxique avec le S qui les suit, comportement qui peut être étiqueté de celui d'une tête.

3.2 Questions *wh* : S''?

Il y a plusieurs façons de tester l'hypothèse selon laquelle les questions sont des structures S''. Dans un premier temps, nous comparons les phrases clivées et les questions *wh* pour tester l'adéquation de cette hypothèse. Dans un deuxième temps, nous présentons un argument théorique, qui repose sur la présence obligatoire de *ki*. Finalement, nous montrons comment cette hypothèse permet de rendre compte des propriétés des questions *wh*.

### 3.2.1 Clivées et questions *wh*

Les constructions clivées peuvent être introduites par la particule *se* dont la présence est optionnelle. En (48) se trouvent quelques exemples de constructions clivées :

(48) a. se    mun       nã  ki pu di  l
        c'est personne DET ki pu dire ça

   'c'est cette personne qui doit le dire'

b. sa      m  ap  di   u   la
   cela DET je ASP dire toi la

   'c'est ça que je te dis'

c. se    Mariz m  bay    ti      flè    a
   c'est Maryse je donner petite fleur DET

   'c'est à Maryse que j'ai donné la fleur'

Les exemples en (48) illustrent le clivage du sujet et de l'objet indirect. On note la similarité structurale avec les questions *wh*. La différence se trouve dans la présence possible de *se*, qui est exclu des questions *wh* (contrairement à des éléments similaires en jamaïcain (Bailey (1966)) et papiamentu (Muysken (1977))). Les exemples importants sont bien sûr ceux dans lesquels un PP ou un génitif a été clivé :

(49) a. se pitit   Mariz  la  m  te  wè
        *se* enfant Maryse DET je TNS voir

b. *se Mariz   m  te  wè   pitit  li   a
      se Maryse je TNS voir enfant son DET

(50) a. se ak   pyè   m  te  soti   a
        se avec Pierre je TNS sortir DET

   'c'est avec Pierre que j'étais sorti'

   b. *se pyè    m  te  soti  ak   li  a
      se Pierre je TNS sortir avec lui DET

Les propriétés des phrases clivées sont identiques à celles des questions *wh* : le constituant clivé doit se trouver en position initiale, et la phrase qui le suit doit être une phrase ouverte. Des patrons possibles dans les relatives ((49b) et (50b)) ne le sont pas dans les clivées. Quant au Mouvement non-borné, on obtient le même patron que dans les questions *wh*. C'est pour cela que nous nous contentons de présenter un exemple de Mouvement non-borné à partir de la position du sujet :

   (51) se    mun      nã  m  kõnẽ      ki  fè   saa
        c'est personne DET je connaître *ki* faire ça

   'c'est la personne que je sais qui fait ça'

De nouveau, l'élément clivé et *ki* sont séparés et *ki* doit rester dans la proposition dont on a extrait le sujet. Ces données semblent justifier l'assignation d'une même structure aux clivées et questions *wh*.

En 2.3, nous avons présenté des données qui montrent que les questions directes et indirectes ont une forme similaire. Si les questions *wh* étaient des S'', les questions indirectes le seront également. Nous prédisons donc l'occurrence des structures clivées dans exactement les mêmes environnements que les questions *wh*, c'est-à-dire nous prédisons l'occurrence des phrases clivées dans des phrases enchâssées. Cette prédiction semble être juste car les clivées se trouvent effectivement dans les phrases enchâssées :

(52) yo vin kõnẽ se õ nèg yo te mete déyè
 ils venir connaître *se* un homme ils TNS mettre derrière

 tõm nã pu l fè sa a
 tombe DET *pu* il faire ça DET

 'ils ont appris que c'était un homme qu'ils avaient caché derrière la tombe pour qu'il fasse ça'

On peut donc conclure que les données sont tout à fait compatibles avec une analyse dans laquelle on assigne une structure similaire à des constructions clivées et des questions *wh*.

### 3.2.2 Le problème de *ki*

Comme nous l'avons remarqué, l'apparition de *ki* est obligatoire quand le sujet est questionné, clivé ou relativisé. Deux questions se posent. Pourquoi *ki* est-il obligatoire et dans quelle position se trouve-t-il? Quant à la deuxième question, il n'est pas possible de décider si *ki* se trouve au niveau S' ou en position de sujet si on regarde les données présentées jusqu'à maintenant. (Même si *ki* précède le complémenteur *pu*, la question n'est pas décidée, car *pu* peut apparaître dans une deuxième position, à savoir dans AUX (voir Koopman et Lefebvre (1981) et (ce volume).) En considérant l'interaction de *ki*, *pu* et la négation *pa* (qui précède toujours les éléments en AUX), nous pouvons déterminer la position de *ki* :

(53) a. ki mun       ki pu te vini ã
       wh personne  *ki pu* TNS venir DET

   'qui devait venir'

   b. *ki mun       pu ki te vini ã
       wh personne  *pu ki* TNS venir DET

   c. ki mun       ki pa t  vini ã
       wh personne *ki* NEG TNS venir DET

   'qui aurait pas dû venir'

En (53a), *ki* précède *pu*, et le précède nécessairement comme le montre (53b). Finalement, (53c) montre que *pu* doit être le complémenteur, puisque les éléments de AUX ne peuvent pas se trouver devant la négation. Les exemples montrent donc que *pu* est dans COMP et que par conséquent *ki* se trouve dans COMP et non pas dans la position du sujet. Ceci nous permet de dire que la position du sujet est vide en cas d'extraction du sujet. Il est donc possible de conclure définitivement que tous les cas d'extraction laissent une catégorie vide en S.

Comment la présence obligatoire de *ki* dans les phrases matrices et enchâssées s'explique-t-elle? La présence obligatoire de *ki* révèle une asymétrie entre la position du sujet et les autres positions. Ce genre d'asymétrie se retrouve dans de nombreuses langues (voir section 3.3). Chomsky (1981) propose de les expliquer par le principe de ECP (Principe des Catégories Vides).

Le ECP règle l'apparition possible d'une trace à des positions *proprement gouvernées*, où gouvernement propre est défini en terme de *gouvernement*[10] (et quelque chose d'additionnel, comme par exemple la coindexation avec un NP, *wh* en COMP, voir ci-dessous). Les asymétries entre le sujet et l'objet sont une conséquence de gouvernement : les objets d'un verbe sont gouvernés par le verbe, une catégorie lexicale, tandis que le sujet ne l'est pas (le sujet est gouverné par AUX, qui n'est pas une catégorie lexicale). Le gouvernement propre de la trace en position de sujet n'est possible que si la langue dispose d'un moyen spécial qui résulte en gouvernement propre. Ainsi, en anglais, le constituant *wh* dans COMP gouverne le sujet proprement dans les phrases matrices du type *who$_i$ t$_i$ came* par le fait qu'ils sont coindicés. Dans les enchâssées, l'effacement de *that* résulte en une configuration de gouvernement propre (*\*who do you think that t came* versus *who did you think came*). En français, la règle *que → qui* permet de sauver la dérivation si le sujet d'une phrase enchâssée a été extrait : *\*l'homme que tu crois (que) est venu* versus *l'homme que tu crois qui est venu*. La fonction de *ki* en haïtien est parallèle à celle de *qui* en français, à la différence près que, en haïtien, le constituant *wh* dans les phrases matrices ne permet pas de gouvernement propre du sujet, comme l'indique l'agrammaticalité de (54).

(54) \*ki  mun  te    vini ã
     qui       être  venirDET

Comment explique-t-on l'agrammaticalité de (54)? Revenons à l'hypothèse selon laquelle les questions *wh* ont une structure S'' et que le constituant *wh* se trouve au niveau S'' :

(55)  $_{S''}$[ki mun$_i$ [ [ $_{NP}$[e]$_i$ te vini ã] ]

Le constituant *wh* est séparé de la trace par le noeud S' qui forme une barrière absolue pour le gouvernement. En d'autres mots, le mot *wh* ne pourra jamais gouverner la trace en position de sujet, même s'il est coindicé avec ce dernier, puisqu'un noeud S' intervient entre lui et le NP vide. Cette analyse nous permet d'expliquer l'apparition obligatoire de *ki* au niveau S' : *ki* assure le gouvernement propre du sujet et permet donc de sauver la structure.[11]

(55') *Ki* sauve la structure

$$\underset{S''}{[}ki\ mun_i\ \underset{S'}{[}ki\ (pu)\ \underset{S}{[}\ [e]_i\ te\ vini\ a]\ ]\ ]$$
gouvernement propre

L'adoption d'une structure S'' permet donc d'expliquer immédiatement pourquoi *ki* doit apparaître au niveau S' dans les phrases matrices et dans les enchâssées, le constituant *wh* étant trop 'loin' pour gouverner proprement la trace en position de sujet.

### 3.2.3 Les propriétés des questions *wh*

L'analyse des questions *wh* comme des structures S'' doit rendre compte des propriétés des questions *wh* :
 a. les constituants *wh* se trouvent seulement dans les questions *wh* directes et indirectes, et sont limités à la position sous S'';
 b. les questions *wh* obéissent aux critères diagnostiques établis pour la règle de mouvement de *wh*.

Pour rendre compte de a, nous proposons que le trait [+wh] peut uniquement être introduit dans les règles de base et nous stipulons en

plus qu'il ne peut être assigné qu'à la position sous S''. Ce traitement explique l'impossibilité d'avoir des mots *wh in situ*, l'impossibilité d'avoir des questions *wh* multiples (voir 2.5), et l'exclusion des mots *wh* dans les relatives libres (qui ont la structure [NP S']).
                                                                                                                                                                                                                                                                                                                                                                       NP
Quant à b, il y a différentes possibilités pour dériver les questions *wh* par la règle de mouvement *wh*. Premièrement, il est possible d'adopter une analyse de montée, telle que proposée par Vergnaud (1976). Selon cette analyse, les constituants *wh* seraient bougés dans COMP par Mouvement de *wh* et ensuite promus de COMP au niveau S''. Deuxièmement, il est possible d'adopter une analyse telle que proposée par Chomsky (1977) pour les phrases clivées : le constituant *wh* est engendré dans la base, directement au niveau S'', et le mot *wh* est lié à la position vide en S par la règle de mouvement de *wh*. Dans la présente étude nous laissons le choix ouvert entre ces analyses, et nous nous limitons à exprimer une légère préférence pour l'analyse qui engendre le mot *wh* directement sous S''.

Dans cette section, nous avons vu que l'analyse des questions *wh* comme des structures dominées par S'' est compatible avec les données de l'haïtien. Cette analyse permet de rendre compte des traits particuliers comme le parallélisme structural entre les questions *wh* et les clivées, la distribution limitée des mots *wh*, et l'impossibilité des mots *wh* de gouverner proprement une trace en position de sujet, par laquelle on arrive à expliquer la présence obligatoire de *ki*. Selon cette analyse le mot *wh* et *ki* n'appartiennent pas au même constituant syntaxique COMP, ils occupent en effet des positions structurales différentes. Notons finalement que cette analyse incorpore d'une façon naturelle la conclusion de 3.2 selon laquelle *ki*, le mot *wh*, se comporte comme la tête de la construction.

### 3.3 Questions *wh* : S'?

L'analyse des questions *wh* comme structures topicalisées permet d'expliquer d'une façon simple les caractéristiques et la distribution complexe de cette construction. Selon cette analyse, une seule différence structurale entre l'haïtien et le français est à l'origine de propriétés syntaxiques différentes que nous résumons en (56) (nous ne tenons compte que du comportement des mots *wh* simples en français) :

| (56) | | | haïtien | français |
|---|---|---|---|---|
| (i) | place fixe des mots *wh* | | + | − |
| (ii) | mots *wh* dans | | | |
| | a. | questions *wh* | + | + |
| | b. | questions *wh* indirectes | + | + |
| | c. | relatives libres | − | + |
| (iii) | questions *wh* multiples | | − | + |
| (iv) | gouvernement propre du mot *wh* dans les phrases matrices, pour la trace en position sujet | | − | + |

Si la différence structurale (S'' vs S') expliquait les différences entre l'haïtien et le français, nous nous attendrions à trouver des langues où les propriétés correspondraient soit au français, soit à l'haïtien. Malheureusement, les choses ne paraissent pas si claires, et s'il existe des langues pour lesquelles une analyse en termes de S'' a été proposée (yoruba (Awobuluyi (1978)), igbo (Goldsmith (1979)), duala (Epee (1976))), il y en a d'autres pour lesquelles une analyse en termes de S'' ne saurait se justifier (italien, vata[12] (Koopman (1981a)) et kikuyo (Clements (1979))). Toutes ces langues semblent avoir en commun la trace qui, dans la position du sujet, n'est jamais gouvernée proprement. Il est donc possible qu'après tout une analyse des questions $wh$ en termes de S'' s'avère fausse et qu'il s'agit des S'. Evidemment, il nous faudrait expliquer les propriétés des questions $wh$ d'une autre façon. Dans l'état actuel des choses nous ne voyons pas comment arriver au même pouvoir explicatif tout en adoptant des structures S'. Clairement, l'analyse selon laquelle les questions $wh$ sont des structures S'' est de loin supérieure à celle selon laquelle elles seraient des S'.

## 4. CONCLUSION

Dans cet article, nous avons discuté de quelques aspects de la grammaire haïtienne, en particulier du système du complémenteur et des questions $wh$.

En ce qui concerne le système du complémenteur, nous avons proposé de l'analyser en termes du trait universel [±T] et du trait spécifique [+MOOD] ($pu$). Cette analyse est confirmée par les données concernant la sélection des complémenteurs. Les propriétés générales des questions $wh$ sont établies dans la section 2. Dans la section 3, nous étudions les analyses possibles pour rendre compte de ces propriétés qui semblent se répartir en deux classes : des propriétés spécifiques, comme par exemple l'exclusion de gouvernement propre du sujet, et des propriétés générales, qui sont une conséquence de l'implication de la règle de mouvement de *wh* (la relation entre un mot *wh* et sa trace obéit à la Sous-jacence) et de la théorie de *'Bounding'*. Pour rendre compte des propriétés spécifiques, nous avons proposé d'assigner une structure S'' aux questions *wh*. Cette analyse est corroborée par le fait qu'il existe un parallélisme structural entre les questions *wh* et les phrases clivées et que ces deux constructions apparaissent dans les mêmes environnements (c'est-à-dire comme phrases matrices et comme enchâssées). De plus, le comportement du déterminant indique que le constituant *wh* joue le rôle de la tête de la question, ce qui est exprimé d'une façon naturelle si la structure est S''.

L'adoption d'une structure, en conjonction avec la stipulation que seule la position sous S'' peut se voir assigner le trait [+wh] explique que les constituants *wh* sont limités à cette position (questions directes et indirectes), qu'ils sont exclus des structures non-S'', comme les phrases relatives et les relatives libres, et que les questions *wh* multiples sont exclues.

L'apparition obligatoire de *ki* dans les phrases matrices et dans les enchâssées montre que la trace du sujet n'est jamais gouvernée proprement par le constituant *wh*. De nouveau, l'adoption d'une structure S'' permet immédiatement d'expliquer ce fait : le constituant *wh* se trouve au niveau S'' et ne peut jamais gouverner proprement la position du sujet en S, étant donné que S' est une barrière absolue pour le gouvernement.

Finalement, dans la section 3.2, nous avons brièvement discuté des problèmes reliés à notre analyse, problèmes qui se posent quand on regarde d'autres langues. Il existe d'autres langues avec les mêmes propriétés syntaxiques, pour lesquelles une analyse en termes de S'' ne saurait se justifier.

La question dont nous aimerions discuter en conclusion concerne l'intérêt qu'apporte la détermination des propriétés syntaxiques et son analyse à la compréhension de la genèse de l'haïtien. Quel a été l'apport respectif des diverses langues du substratum (langues de l'Afrique de l'ouest, le français)? Une manière de trouver un début de réponse à ces questions difficiles consiste à comparer les caractéristiques syntaxiques de l'haïtien, des langues de l'Afrique de l'ouest, et du français.

Il est bien connu que plusieurs phénomènes rapprochent l'haïtien des langues de l'Afrique de l'ouest, et le distinguent du français, comme par exemple le fonctionnement et la position structurale du déterminant *la*, l'existence de verbes sériels et de la construction de prédicat clivé (pour une discussion plus détaillée voir Lefebvre (ce volume)) L'analyse présentée dans cet article permet d'ajouter des caractéristiques plus abstraites à cette liste[13] :

(i) L'exclusion des mots *wh* des relatives libres[14]. A notre connaissance, il n'existe pas de langues en Afrique de l'ouest où on trouve des mots *wh* dans les relatives libres contrairement au français (Koopman (1981a)).

(ii) Le mot *wh* ne gouverne pas proprement une trace en position de sujet. Il semble que c'est une caractéristique des langues de l'Afrique de l'ouest que la position de sujet ne soit jamais gouvernée par un mot *wh* dans COMP. On peut ainsi interpréter le changement de la marque d'accord du sujet (subject concord marker) en duala (Epee (1976)) et en kikuyo (Clements (1979)) comme révélateur que la position du sujet n'est pas gouvernée proprement par le mot *wh* en COMP. La même explication peut être donnée pour le yoruba et le vata où cette fois, un pronom résomptif doit apparaître dans la position du sujet. Il semble que les mécanismes qui permettent de sauver la dérivation insèrent des éléments en S, et non pas en S' comme c'est le cas de *ki* en haïtien et de *qui* en français.

(iii) On pourra provisoirement inclure une troisième propriété qui consiste dans l'impossibilité d'avoir des questions *wh* multiples. Ce point n'est vérifié que dans les langues krou, le yoruba et l'haïtien.

Les caractéristiques (i)-(iii) opposent l'haïtien et les langues africaines directement au français. De cette discussion il émerge un fait qui semble être tout à fait surprenant : les caractéristiques syntaxiques de l'haïtien et des langues africaines sont essentiellement identiques, et diffèrent sur beaucoup de points avec le français. Cette correspondance est tout à fait étonnante et semble apporter des éléments nouveaux dans le débat sur l'apport que les diverses langues du substratum à la genèse de l'haïtien (Koopman (1981a)). En ce qui concerne la syntaxe, il paraît que l'haïtien a gardé les propriétés syntaxiques des langues de l'Afrique de l'ouest et n'a pas adopté des caractéristiques syntaxiques du français. Bien sûr, l'haïtien a été influencé par le lexique du français, ce dont témoigne l'adoption de *ki* comme gouverneur propre. Bien que l'haïtien ait gardé les propriétés syntaxiques des langues africaines, notre analyse implique que la structure S' des langues africaines ait été réinterprétée comme structures S''.

## NOTES

\* J'aimerais remercier Hans den Besten, Reineke Bok, Hélène Holly, Claire Lefebvre, Nanie Piou, Pieter Muysken et Dominique Sportiche pour toutes les discussions que j'ai eues avec eux sur les sujets traités dans cet article qui a été présenté en partie au colloque de *Creole Syntax*, 14 avril 1980 à Amsterdam, et qui est publié en partie dans *Amsterdam Creole Studies 111* sous le titre de *Some Aspects of Haitian Grammar with Special Reference to Complementation and Wh-Questions* (Koopman (1980)).

1. Il y a quelques occurrences de *kə* dans le corpus de conversations enregistrées de Lefebvre et Fournier (1976). L'apparition de *kə* cependant n'est pas du tout systématique, et c'est pour cette raison que nous le considérons comme un emprunt au français. En d'autres termes, *kə* est considéré comme ne faisant pas partie de la grammaire de l'haïtien.

2. *Si* est-il l'équivalent du complémenteur neutre ou la réalisation d'une position *wh* différente du complémenteur? Il y a quelques indications que *si* est plutôt la réalisation d'une position *wh* : premièrement, il y a plusieurs cas de cooccurrence de *si* et *kə* (dans cet ordre) dans le corpus Lefebvre et Fournier (1976). Deuxièmement, *si* peut cooccurrer avec *pu* :

   (i) m mãde    l si pu l te vini
       je demander lui *si pu* il TNS venir

   'je lui demandais s'il devait venir'

3. Il existe des cas où *pu* est suivi d'un complément infinitival. Dans Koopman et Lefebvre (1981) et (ce volume) nous présentons des arguments pour analyser ces cas comme des cas de la préposition *pu* suivie d'un complément infinitival.

4. Nous choisissons cette représentation interne du noeud TNS plutôt qu'une représentation (i) pour les raisons suivantes :

   (i) [+TNS] → $\begin{Bmatrix} \emptyset \\ pu \end{Bmatrix}$

   • Les emprunts de *kə* produisent une structure de surface *kəpu*. L'analyse (9) permet de considérer l'emprunt de *kə* comme rien d'autre que la lexicalisation d'une position déjà présente.

   • L'analyse (9) nous permet de traiter *kipu* comme un complémenteur lexical qui gouverne proprement la trace dans la position du sujet (voir section 3.2.2).

5. L'apparition de *ce* en *J'aime ce que tu prépares* est due à une particularité du français reliée à la distribution limitée du mot *wh quoi* (Koopman (1981b) et (1982)).

6. Dans beaucoup de langues de l'Afrique de l'ouest les questions indirectes ont la forme d'une phrase relative, distincte des questions *wh* directes (Goldsmith (1979), Koopman (1981a)).

7. On connaît assez mal les propriétés permettant au verbe de fonctionner comme pont.

8. Claire Lefebvre a remarqué que dans les questions *wh* où le complémenteur est présent, les questions *wh* multiples ne sont pas possibles.

(i) qui qui a fait quoi (français de Montréal)

Cette observation m'a amenée à regarder les questions *wh* multiples en haïtien.

9. Il y a de la variation en ce qui concerne la possibilité d'avoir *yo* avec les mots *wh*. Ainsi certains informateurs n'acceptent ni (i), ni (ii) :

(i) ki mun yo ki te vini ã
 wh personne PL *ki* TNS venir DET

(ii) ki mun ki te vini yo
 wh personne *ki* TNS venir PL

10. Nous adoptons la définition de gouvernement telle que proposée dans Aoun et Sportiche (1981) :

$\alpha$ gouverne $\beta$ si et seulement $\forall \varphi$, $\varphi$ une projection maximale $\varphi$ domine $\alpha$ si et seulement si $\varphi$ domine $\beta$.

Pour une définition un peu différente voir Chomsky (1981).

11. Nous ne revenons plus sur le mécanisme spécifique qui assure l'apparition de *ki*. Il suffit de remarquer que toute analyse de la règle *que* → *qui* en français peut être étendue à l'haïtien (pour une opinion contraire essayant de prouver que *ki* n'est pas un complémenteur voir Koopman (1980); nous ne sommes plus de cet avis). Pour des analyses de *que* → *qui* voir Kayne (1976). Notons finalement que ni en français ni en haïtien une trace dans COMP ne peut compter comme un gouverneur propre (Koopman (1980)).

12. Le vata est une langue krou parlée en Côte d'Ivoire. Les langues krou

appartiennent à la famille Niger-Congo

13. Malgré des différences énormes, il appert qu'il y a des caractéristiques syntaxiques des langues de l'Afrique de l'ouest. La comparaison qui suit est basée sur des discussions sur le ewe et le kikuyo avec N.Clements et sur le yoruba avec D.Pulleybanck. Enfin, quant aux langues krou elle est basée sur notre expérience personnelle.

14. Il peut y avoir une autre explication pour l'impossibilité des constituants *wh* de se trouver dans les relatives libres. En général, les mots *wh* composés sont exclus des relatives libres (Groos et van Riemsdijk (1979)) :

   (i) *J'aime quelle personne tu aimes.
   
   (ii) J'aime qui tu aimes.

Le fait que les mots *wh* en haïtien sont composés expliquerait donc leur exclusion des phrases relatives. Il n'en reste pas moins que dans beaucoup de langues de l'Afrique de l'ouest les mots *wh* sont exclus des phrases relatives, même s'ils ne sont pas composés (Koopman (1981)).

# RÉFÉRENCES

Akmajian, A., S. Steele et T. Wasow. 1979. The Category AUX in Universal Grammar. *Linguistic Inquiry*. 10. 11. 1-84.

Alleyne, M. 1969. L'influence des dialectes régionaux sur le créole français d'Haïti. *Revue de linguistique romane*. 33. 254-269.

Ans, A. M. d'. 1968. *Le créole français d'Haïti. Etude des unités d'articulation, d'expression et de communication*. The Hague : Mouton.

Aoun, F. 1980. ECP, Move $x$ and Subjacency. A paraître dans *Linguistic Inquiry*.

Aoun, F., N. Hornstein et D. Sportiche. 1981. Some Aspects of Wide Scope Quantification. *Journal of Linguistic Research*. 1. 3. 69-96.

Aoun, F. et D. Sportiche. 1981. Formal Government. Conférence présentée à GLOW VI. Göttingen.

Awobuluyi, O. 1978. Focus Constructions as Noun Phrases. *Linguistic Analysis*. 4. 2. 3-115.

Bailey, B. 1966. *Jamaican Creole Syntax. A Transformational Approach*. London : Cambridge University Press.

Benveniste, E. 1966. *Problèmes de linguistique générale*. Paris : Gallimard.

Besten, H. den. 1978. On the Interaction of Root Transformation and Lexical Deletive Rules. Conférence présentée à GLOW IV. Amsterdam.

Bickerton, D. 1971. Inherent Variability and Variable Rules. *Foundations of Language*. 7. 457-492.

-----. 1974. Creolization, Linguistic Universals, Natural Semantax and the Brain. *Working Papers in Linguistics*. 6. 126-141.

Bresnan, F. 1976. Evidence for a Theory of Unbounded Transformation. *Linguistic Analysis*. 4. 353-394.

-----. 1977. Variables in the Theory of Transformations. Dans *Formal Syntax*. P. Culicover, T. Wasow et A. Akmajian, éds. New York : Academic Press. 157-197.

Chomsky, N. 1957. *Syntactic Structures*. The Hague : Mouton.

-----. 1970. Remarks on Nominalization. Dans *Readings in English Transformational Grammar*. R. A. Jacobs et P. S. Rosenbaum, éds. Waltham. Massachussetts : Ginn et Company.

-----. 1972. Conditions on Transformations. Dans *A Festschrift for Morris Halle*. S. R. Anderson et P. Kiparsky, éds. New York : Holt, Rinehart and Winston.

-----. 1977. On *wh*-Movement. Dans *Formal Syntax*. P. Culicover, T. Wasow et A. Akmajian, éds. New York : Academic Press. 71-132.

-----. 1979. Markedness and Core Grammar. Dans A. Belletti *et al.* Proceedings of the Pisa Conference on Markedness. Pisa : Annale della Scuola Normale Superiore.

-----. 1980. On Binding. *Linguistic Inquiry*. 11. 1. 1-47.

-----. 1981. *Lectures on Government and Binding*. Dordrecht : Foris Publications.

----- et H. Lasnik. 1977. Filters and Control. *Linguistic Inquiry*. 8. 425-504.

Clements, N. 1979. *Wh Constructions in Bantu*. Communication présentée à la XII$^e$ Conférence sur la linguistique africaine. Urbana.

# Références

Comhaire-Sylvain, S. et J. 1955. Survivances africaines dans le vocabulaire religieux d'Haïti. *Etudes dahoméennes*. 14. 5-20.

Corne, C. 1977. *Seychelles Creole Grammar; Elements for Indian Ocean Proto-Creole Reconstruction*. Tübingen Beiträge zur Linguistik. 91. TBL Verlag Gunter Narr. Tübingen.

Dejean, Y. 1980. On Backward Pronominalization in Haïtian Creole. International Linguistic Association. New York.

Desmarais, F. Definiteness, Topics, Contrasted and Emphasized Topics in French Creoles. (ms.).

-----. en préparation a. Serial Verbs.

-----. en préparation b. Lexical Categories in Haïtian Creole.

Epée, R. 1976. Generative Syntactic Studies on Duala. Xerox University Microfilm. Ann Arbor. Michigan.

Faine, J. 1937. *Philologie créole. Etudes historiques et étymologiques sur la langue créole d'Haïti*. Port-au-Prince. Haïti.

Fournier, R. 1977. N ap fè yu ti-koze su *la* (La grammaire de la particule *la* en créole haïtien). Mémoire de maîtrise, Université du Québec à Montréal.

-----. 1978. De quelques anomalies dans le traitement de l'article défini par H. Tinelli. 1970 : Generative Phonology of Haïtian Creole. Dans *Amsterdam Creole Studies 2*. P. Muysken et N. Smith, éds. University of Amsterdam. 101-115. [Nouvelle publication : *Amsterdam Creole Studies 3*]

-----. en préparation. Morphological and Semantic Considerations of Agglutination Process in Haïtian Creole.

Givon, T. 1975. Serial Verbs and Syntactic Change : Niger-Congo. Dans *Word Order and Word Order Change*. Charles Li, éd. University of Texas Press. 113-118.

Goldsmith, F. 1979. The Structure of *wh*-Questions in Igbo. (ms.). Bloomington. Indiana University.

Goodman, M. 1964. *A Comparative Study of Creole French Dialects*. The Hague : Mouton.

Greenberg, J. 1963. Some Universals of Grammar with Particular Reference to the Order of Meaningful Elements. Dans *Universal of Language*. J. Greengerg, éd. Cambridge : M.I.T. Press.

Groos, A. et H. van Riemsdijk. 1979. Matching Effects in Free Relatives. Dans A. Belleti *et al*. 1979. Proceedings of the Pisa Conference on Markedness. Pisa : Annale della Scuola Normale Superiore.

Hall. R. A. 1950. The Genetic Relationships of Haïtian Creole. *Ricerche Linguistiche*. 1. 194-203.

-----. 1952. Aspect and Tense in Haïtian Creole. *Romance Philology*. 5. 312-316.

-----. 1953. *Haïtian Creole : Grammar, Texts, Vocabulary*. American Anthropologist Association. Menasha Georges Banta Publishing Company.

Hinds, J. 1973. Case Markers and Complementizers : Korean and Japanese. *Working Papers on Language Universals*. 13. 93-96.

Huddleston , R. 1974. Further Remarks on the Analysis of Auxiliaries as Main Verbs. *Foundations of Language*. 11. 215-229.

## Références

Huttar, G. L. 1974. Some Kwa-like Features of Djuka Syntax. Summer Institute of Linguistics. (ms.).

Hyppolite, M. P. 1949. *Les origines des variations du créole haïtien*. Port-au-Prince. Collection Haitiana.

Jackendoff, R. 1972. *Semantic Interpretation in Generative Grammar*. Cambridge : M.I.T. Press.

-----. 1977. *X' Syntax : a Study of Phrase Structure*. Linguistic Inquiry. Monograph no. 2.

Jansen, B. *et al.* 1978. Serial Verbs in the Creole Languages. Dans *Amsterdam Creole Studies 2*. P. Muysken et N. Smith, éds. University of Amsterdam. 125-159.

Kayne, R. S. 1976. French Relative *que*. Dans *Current Studies in Romance Linguistics*. F. Hensey et M. Lujan, éds. Washington, D.C. : Georgetown University Press. 255-299.

-----. 1980. ECP Extension. *Linguistic Inquiry*. 12. 1. 93-135.

Keenan, E. et B. Comrie. 1977. Noun Phrase Accessibility and Universal Grammar. *Linguistic Inquiry*. 8. 63-99.

Koopman, H. 1980. Some Aspects of Haïtian Grammar with Special Reference to Complementation and *wh*-Questions. Dans *Amsterdam Creole Studies 3*. P. Muysken et N. Smith, éds. University of Amsterdam. 25-65.

-----. 1981a. Subject-Object Asymetries Predicate Cleft Constructions and the ECP. (ms.). Université du Québec à Montréal.

-----. 1981b. Theorical Implications of the Distribution of *quoi*. Conférence présentée à NELS XII. Cambridge.

-----. 1982. Quelques problèmes concernant *que/quoi, ce que*, et *qu'est-*

ce que. Dans *Etude comparative du français standard et populaire : approches formelle et fonctionnelle*. C. Lefebvre, éd. Montréal : Editeur officiel du Québec. Collection Langues et Société. Office de la langue française.

-----. ce volume a. Les constructions relatives en haïtien.

-----. ce volume b. Les questions *wh*.

Koopman, H. et C. Lefebvre. 1981. Haïtian Creole *pu*. Dans *Generative Studies on Creole Languages*. P. C. Muysken, éd. Dordrecht : Foris Publication.

Labov, W. 1971. On the Adequacy of Natural Languages. (ms.).

Lefebvre, C. 1980. Some Cases of Lexical Complementizers in Quechua and Theory of COMP. *Review of Linguistics Research*. 1. 2.

-----. ce volume. L'expansion d'une catégorie grammaticale : le déterminant *la*.

Lefebvre, C. et R. Fournier. 1976. Le corpus du créole haïtien. Montréal. (ms.).

-----. 1978. La particule *la* en créole haïtien. *Les cahiers de linguistique de l'Université du Québec*. 9. 37-70.

Lightfoot, D. 1979. *Principles of Diachronic Syntax*. Cambridge University Press. Cambridge Studies in Linguistics. 23. Cambridge.

Lord, C. 1976. Evidence for Syntactic Reanalysis from Verb to Complementizer in kwa. *Diachronic Syntax*. Chicago Linguistic Society. 179-191.

Magloire-Holly, H. ce volume. Les verbes modaux en haïtien, auxiliaires ou verbes?

# Références

May, R. 1978. *The Grammar of Quantification*. Thèse de Ph. D. non publiée. M.I.T.

Muysken, P. C. 1977a. *Syntactic Developments in the Verb Phrase of Equadorian Quechua*. Dordrecht : Foris Publications.

-----. 1977b. Movement Rules in Papamientu. *Amsterdam Creole Studies 1*. P. Muysken et N. Smith, éds. University of Amsterdam. 80-102.

-----. 1980. Review of Bollée (1977), Corne (1977), Valdman (1978), Vintila-Radulescu (1976). *Lingua*. 41. 95-99.

-----. 1981. Creole tense/mood/aspect System : the Unmarked Case? *Generative Studies on Creole Languages*. P. Muysken, éd. Dordrecht : Foris Publications.

Papen, R. 1978. The French-based Creoles of the Indian Ocean : An Analysis and Comparison. Ph. D. Thesis. University of California. San Diego.

Piou, N. 1979. Linguistique et idéologie : ces langues appelées "créoles". *Dérives*. 16. 13-30.

-----. 1981. Verbes et redoublement de verbes en haïtien. Mémoire de maîtrise. Université du Québec à Montréal.

-----. ce volume a. Le clivage du prédicat.

-----. ce volume b. Le redoublement verbal.

Pompilus, P. 1955. Quelques traces du moyen-français et du français classique dans le créole haïtien. *Optique*. 16. 27-30.

Pulleybanck, O. 1980. Some Binding Constructions in Yoruba. (ms.). M.I.T.

Pullum, G. et D. Wilson. 1977. Autonomous Syntax and the Analysis of Auxiliairies. *Language*. 53. 741-788.

Riemsdijk, H. van. 1978. *A Case Study in Syntactic Markedness : the*

*Binding Nature of Prepositional Phrases*. Dordrecht : Foris Publications.

Rizzi, L. 1978. Violations of the *wh*-Island Constraint in Italian and the Subjacency Condition. *Montreal Working Papers in Linguistics*. C. Dubuisson, P. Lightfoot et Y. C. Morin, éds. 2. 155-191.

Ross, J. 1967. Auxiliaries as Main Verbs. *Studies in Philosophical Linguistics*. 1. 77-102.

Rouveret, A. et F. R. Vergnaud. 1978. Specifying Reference to the Subject. *Linguistic Inquiry*. 11. 1. 97-205.

Rowlands, E. C. 1969. *Yoruba*. Edimburg. The English Universities Press Ltd.

Sankoff, G. et P. Brown. 1976. The Origins of Syntax in Discours : A Case Study of Tok Pisin Relatives. *Language*. 52. 3. 631-667.

Sportiche, D. 1979. On Bounding Nodes in French. à paraître dans *The Linguistic Review*.

Steele, S. 1978. The Category AUX as a Language Universal. *Universals of Human Language*. 3. 7-45.

Sylvain, S. 1936. *Le créole haïtien, morphologie et syntaxe*. Port-au-Prince.

Valdman, A. 1976. Créolisation sans pidgin : Le système des déterminants du nom dans les parlers franco-créoles. *Langues en contact-pidgins-créoles*. J. M. Meisel, éd. TBL Verlag Cjunter Narr. Tübingen. 105-285.

-----. 1978. *Le créole : statut et origine*. Editions Klincksieck. Paris.

# Références

Vergnaud, F. R. 1976. French Relative Clauses. Thèse de doctorat non publiée. M.I.T.

Vintila-Radulescu, I. 1976. *Le créole français*. The Hague : Mouton. Paris.

Washabaugh, W. 1975. On the Development of Complementizers in Creolization. *Working Papers on Language Universals*. 17. 109-140.

Westerman, D. 1965. *A Study of the EWE Language*. London. Oxford University Press.

Wingerd, J. 1977. Serial Verbs in Haïtian Creole. *Language and Linguistic Problems in Africa*. Kotey et Der-Houssikian, éds. Columbia : Hornbeam Press.

# LIBRARY OF DAVIDSON COLLEGE

Books on regular loan may be checked out for **two weeks**. Books must be presented at the Circulation Desk in order to be renewed.

A fine is charged after date due.

Special books are subject to special regulations at the discretion of the library staff.